W0172603

Reinhard Körner
Weisheit –
die Spiritualität des Menschen

Reinhard Körner

Weisheit –
die Spiritualität
des Menschen

benno

PROF. DR. DR. EUGEN BISER
ZUM 86. GEBURTSTAG
IN DANKBARKEIT UND FREUNDSCHAFT

Bibliografische Information Der Deutschen Bibliothek
Die Deutsche Bibliothek verzeichnet diese Publikation in der
Deutschen Nationalbibliografie; detaillierte bibliografische
Daten sind im Internet über http://dnb.ddb.de abrufbar.

ISBN 3-7462-1697-4

© St. Benno Verlag GmbH 2004
04159 Leipzig, Stammerstr. 11,
www.st-benno.de
Einbandgestaltung: Ulrike Vetter, Leipzig
Gesamtherstellung: Kontext, Leipzig

Inhalt

Vorwort

Weisheit – ein traditionsreiches Wort in der Geschichte der Völker und Kulturen. Ein anziehendes Wort, auch in unseren Tagen. Gemeint ist nicht die Intelligenz eines Menschen, nicht seine Verstandesschärfe und nicht sein Wissen. Weise ist, wer sich den Wahrheiten stellen konnte, die das Leben an ihn herangetragen hat. Und das ist jedem möglich, unabhängig von Herkunft, Beruf und Bildungsgrad.

Wie man weisheistlich leben und weise werden kann, davon wird in diesem Buch die Rede sein. Was ich darüber zu sagen habe, verdanke ich der Bibel und den Glaubenstraditionen anderer Religionen, aber auch den Schriften und Lebenszeugnissen atheistischer Autoren – und nicht zuletzt meinen Freunden, den gläubigen und den religionslosen, die mein Leben mittragen und mich an ihrem Leben Anteil nehmen lassen.

Mehr und mehr bin ich im Laufe der vergangenen Jahre zu der Überzeugung gelangt, dass an der Geisteshaltung, die sich in den verschiedensten Menschheitstraditionen mit dem Wort „Weisheit" verbindet, unsere Zukunft hängt. In der heutigen religions- und weltanschauungs-pluralistischen Gesellschaft – hier zu Lande wie überall auf dem inzwischen zum Weltdorf gewordenen Planeten Erde – haben wir nur den *Weg der Weisheit*, um auf Dauer menschenwürdig miteinander leben zu können.

Deshalb habe ich dieses Buch nicht nur für Christen und religiöse Menschen geschrieben. Die Gedanken, die ich vortragen möchte, sind die eines *christlichen* Zeitgenossen, aber sie richten sich ebenso an religionslos Lebende in unserem Land. Das mögen die einen wie die anderen bedenken, wenn sie bei der Lektüre den Eindruck haben sollten, dass ich ihnen für sie fremd Erscheinendes aus der jeweils „anderen Welt" zumute. Denn um *das Miteinander von beiden, den Religiösen und den Religionslosen*, geht es auf den folgenden Seiten, und ich wünschte, sie würden in beiden Kreisen ihre Leserinnen und Leser finden.

Ich bin Mönch in einem Kloster nördlich von Berlin, promovierter Theologe, tätig in Seelsorge, Lebensberatung und Glaubensvermittlung. 1951 in der Nähe von Cottbus geboren und aufgewachsen in der DDR, war ich immer schon ein Christ unter mehrheitlich Andersdenkenden. Bis heute gehören zu meinem engeren Bekanntenkreis nicht nur Katholiken und Protestanten. Gerade auch meinen atheistischen und religionslosen Freunden verdanke ich, dass ich bin, der ich bin. Die gesellschaftliche Situation im östlichen Teil Deutschlands, vor und nach dem 9. November 1989, hat mich geprägt. Sie ist der Erfahrungshintergrund für dieses Buch.

Die *Religiösen*, das sind in meinem hiesigen Lebensumfeld vor allem Christen evangelischer, römisch-katholischer oder freikirchlicher Konfession, nach dem Mauerfall in kleiner, aber gewachsener Zahl auch Juden und Muslime, dazu buddhistisch, taoistisch oder esoterisch Orientierte und solche, die ohne ausdrückliche Bindung an eine Religion an Gott oder an Göttliches glauben. Und die *Religionslosen*, das sind atheistisch Denkende, die meist von marxistischem oder (in weltanschaulicher Hinsicht) „materialistischem" Gedankengut geprägt sind. Vor allem aber sind es Frauen und Männer, Kinder und Jugendliche, die mit Religion kaum näher in Berührung gekommen sind; weil sie den Hauptanteil in der Bevölkerung bilden, antworten sie auf die Frage, ob sie einer Religionsgemeinschaft angehören, am liebsten: „Nein, wir sind normal." – Mit ihnen allen verbindet mich die gemeinsame Lebensgeschichte.

Vielleicht ist es mir in die Wiege gelegt, jedenfalls lebe ich, seit ich denken kann, in dem Bewusstsein: Wir sind Menschen zuerst, *vor* jedem weltanschaulichen Bekenntnis und *vor* jeder Konfession.

Ich weiß, dass ich diese Einstellung nicht mit allen Christen teile. Für manchen ist der „Ungläubige" noch immer ein desorientierter, verirrter oder irregeführter, jedenfalls mit einem Makel behafteter Mensch. Und ich teile sie, das ist eine ebenso schmerzliche Erfahrung in meinem Leben, nicht mit allen Religionslosen. Mancher unter ihnen meint heute noch, ein religiöser Mensch sei nicht ganz von dieser Welt, vielleicht auch, er sei nicht ganz bei Verstand. Aber ich teile sie mit so vielen, die nicht nach Taufschein, Religion, Konfession und weltanschaulicher Überzeugung fragen, wenn es um die alltägliche Mitmenschlichkeit geht. Meiner Wahrnehmung nach bilden sie, gerade hier im Osten, die Mehrheit im Land. Das ist mir persönlich zur besonders intensiven Erfahrung geworden, als ich vor drei Jahren nach mehreren schweren Operationen vier lange Monate im Nachbarort Oranienburg im Krankenhaus lag, neun Wochen davon auf der Intensivstation. Unter den vielen Ärzten, Schwestern und Pflegern waren die Wenigsten Christen; in ihrem Team spiegelt sich, was den Anteil von Religiösen und Religionslosen betrifft, die weltanschauungspluralistische Situation im östlichen Teil Deutschlands. Dass ich nun wieder gesund bin – meine Überlebenschance war nur eins zu hundert –, verdanke ich nicht nur ihrem hohen fachlichen Können. Es war vor allem ihre menschliche Ausstrahlungskraft und ihr manchmal übermenschlicher Einsatz für mich, der mir half, an meine Genesung zu glauben. Ich war ein Mensch für sie, und sie sorgten sich als Menschen um mich. In ihrem Charakter begegnete mir der Geist, den ich als Christ den Heiligen Geist nenne. – Eine solche Erfahrung erweitert den Freundeskreis. Sie gab auch den entscheidenden Anstoß, dieses Buch zu schreiben.

Einer meiner Freunde sei mit Namen genannt, der Naturwissenschaftler Dr. Erhard Hayer aus Wien (1941-2003). Zusammen mit seiner Familie begleitete er die Entstehung dieses Buches von den ersten Kapiteln an. Mit dem Laptop im Krankenbett per E-Mail-Kontakt verbunden, vertiefte er meine Gedanken Schritt um Schritt durch seine reiche Lebenserfahrung, und es war ihm bis in die letzten Wochen vor seinem Sterben hinein ein großes Anliegen, dass wir den Weg in ein neues Europa als einen *Weg der Weisheit* gehen, der allein uns Zukunft geben wird – Zukunft, so war er gemeinsam mit mir überzeugt, selbst über jeden Tod hinaus.

Reinhard Körner
Kloster Birkenwerder, im Advent 2003

Die Erde, dieses schöne, warme,
lebende Objekt sah so zerbrechlich,
so zart aus, als ob es zerkrümeln würde,
wenn man es mit dem Finger anstieße.
Ein solcher Anblick muss einen Menschen
einfach verändern ...

James Irwin, Astronaut

1. Der eine Planet

WIR WOHNEN IM SELBEN HAUS

Ein farbiger Ball, freischwebend im Raum, deutlich
zu sehen die Meere und die Kontinente – ein vertrautes Bild seit den ersten Flügen ins All. Die Erde.
Jahr um Jahr zieht sie ihre Bahn um eine der kleinsten Sonnen des Universums, irgendwo am Rande
einer winzigen Galaxis. Ein Staubkorn in den Weiten des Kosmos. Tag wird es und Nacht wird es um
sie herum in immer gleichem Rhythmus. Aufs Feins-
te abgestimmt für das darauf wimmelnde Leben
sind ihre Fliehkraft und ihre Schwerkraft, ihre Tem-
peraturen und ihre kleinsten Teilchenstrukturen;
kein anderer Himmelskörper weit und breit könnte

diesen Lebensformen Heimat sein. Auf ihrer hauchdünnen Schale, unter der die kosmischen Gewalten der Urzeit brodeln, trägt sie gegenwärtig mehr als sechs Milliarden Menschen durch den endlosen Raum, den Prognosen zufolge werden es im Jahr 2025 fast acht Milliarden sein. „Die Erde war so klein, blau und rührend einsam – unsere Heimstatt, die wir erhalten müssen", schrieb der sowjetische Kosmonaut Aleksej Leonow nach einem Weltraumflug.[1] Sein amerikanischer Kollege, der Astronaut James Irwin, erinnert sich: „Mit größerer Entfernung wurde die Erde immer kleiner. Schließlich schrumpfte sie auf die Größe einer Murmel – der schönsten Murmel, die du dir vorstellen kannst. Die Erde, dieses schöne, warme, lebende Objekt sah so zerbrechlich, so zart aus, als ob es zerkrümeln würde, wenn man es mit dem Finger anstieße. Ein solcher Anblick muss einen Menschen einfach verändern ..."[2] Und Ben Salman Al Saud, ein wohlhabender Sultan, einer, der es sich leisten konnte, die Forschercrew einer Discovery-Expedition der NASA zu begleiten, erzählt in seinem Reisebericht:

Am ersten Tag deutete jeder auf sein Land. Am dritten oder vierten Tag zeigte jeder auf seinen Kontinent. Ab dem fünften Tag achteten wir auch nicht mehr auf die Kontinente. Wir sahen nur noch die Erde als den einen, ganzen Planeten.[3]

Nichts kann uns so anschaulich und so überzeugend vor Augen führen wie der Blick aus dieser Perspektive, dass wir zusammengehören, auf Gedeih und Verderb.

„Kinder der Erde" sind wir, sagen die Mythen und Schöpfungserzählungen der Menschheitstraditionen. Ehrfurchtsvoll sprechen sie von der „Mutter Erde", und vom „Bruder" oder vom „Vater", wenn sie hinauf zum gestirnten Himmel weisen. Die Bibel nennt uns „Adam". Das hebräische Wort meint nicht, wie wir Christen lange glaubten, den ersten aller Menschen, sondern steht als Gattungsbegriff für den Menschen schlechthin. Wörtlich übersetzt heißt „adam": der *Erdling*, der aus der „adama", dem Erdboden Gebildete. Und „Erdlinge", so fährt die zweieinhalb Jahrtausende alte Erzählung fort, sind nicht nur wir Menschen. Derselben „adama" entstammt alles, was lebt an Land, in den Meeren und in den Lüften; wir sind aufeinander angewiesen: Erde und Mensch, Mensch und Tier, Tier und Pflanze, Mensch und Mensch.[4] – Man muss nicht einer Religionsgemeinschaft angehören, nicht Christ oder Jude sein, um dieser Einsicht zustimmen zu können. Sie gehört zum kollektiven Grundwissen der Menschheit. *Uns eint, dass wir Bewohner desselben Planeten sind.*

In den Nachrichtensendungen der Fernsehanstalten ist der Erdball, unterschiedlich im Layout, inzwischen zum optischen Blickfang geworden. Tag für Tag werden wir über die Ereignisse rund um den rotierenden Globus informiert, über Freud und Leid – meist ungleich verteilt – in unserer großen Menschheitsfamilie. Wir erleben schwierige Zeiten, und wir haben, wenn nicht alles täuscht, schwere Zeiten noch vor uns auf unserer Erde:

Wetterkapriolen und Umweltkatastrophen erinnern uns unliebsam an schlimmste Menetekel einstiger und gegenwärtiger Unheilspropheten. Die Frage lässt sich nicht mehr verdrängen, ohne traumatisch weiterzuwirken, ob nicht vielleicht doch und irgendwie wir selbst schuld oder mitschuld sind an den Turbulenzen der Natur.

Das soziale Elend war nie so groß wie heute, auch vor unseren Landesgrenzen macht es nicht Halt. Noch gestehen wir uns nur ungern ein, dass sich die Kluft zwischen Armen und Reichen in der derzeitigen Form der Marktwirtschaft unweigerlich weiter vergrößern wird. Die bange Frage steht im Raum, wie lange wir unseren liebgewonnenen Lebensstandard halten können, und ob wir nicht längst schon die Konflikte mit dem weit größeren Teil der Menschheit vorprogrammieren, auf dessen Kosten wir heute leben.

Kritisch ist es vor allem um den Frieden bestellt. Alte Feindschaften zwischen Völkern und Volksgruppen brechen auf, Kriege, Vertreibungen und Gewalttaten schrecklichster Art kennzeichnen unsere Zeit. Fanatischer Terror in nie zuvor gekanntem Ausmaß erschüttert den Erdkreis und lässt uns an keinem Ort der Welt mehr sicher sein. Militärische oder wirtschaftspolitische Gewalt werden, wie Geschichte und Gegenwart zeigen, keine dauerhaften, ja nicht einmal kurzfristig befriedigende Lösungen bringen.

Lang ist die Sorgenliste am Beginn des dritten Jahrtausends. Den Nachrichtenredakteuren geht, selbst im „Sommerloch", der Stoff nicht aus. Und immer sind es sehr konkrete Erdenbewohner, die betroffen sind – die „stummen" wie die Wälder und die Meere, die mit einer Tierseele fühlenden und die mit Menschengeist begabten. Hinter den zwanzig Minuten Redezeit der Fernsehsprecher stehen in der Wirklichkeit Tage und Nächte im Bangen um die Existenz, Jahre in Angst, Elend und Leid.

Als der deutsche Zoologe und Naturphilosoph Ernst Haeckel (1834-1919) den Begriff *Ökologie* einführte, verstand er darunter die Wissenschaft von den Beziehungen der Organismen zueinander, die Lehre vom oikos (griech.), dem „Haus", in dem – unter einem und demselben Dach – alles Lebendige lebt. Schon damals, im 19. Jahrhundert, war dieser Begriff mit der erschreckenden Feststellung belastet, dass ein Teil der Menschheit den Haushalt, die *Ökonomie*, schlecht führt und dadurch das gesamte Haus bedrohlich gefährdet.

Es ist nicht zu leugnen, dass daran auch die Kirchen ihren Anteil haben. Zu lange haben wir Christen gehört und in die Welt hinein verkündet: „Bevölkert die Erde, unterwerft sie euch, und herrscht über die Fische des Meeres, über die Vögel des Himmels und über alle Tiere, die sich auf dem Land regen." Auch das sind Worte aus der Bibel, sie stehen auf ihrer ersten Seite.[5] Doch sie sind herausgebrochen worden aus dem Zusammenhang, in dem allein sie verstanden sein wollen. Schon auf der darauf folgenden Seite der Bibel wird beschrieben, worin die „Unterwerfung" der Erde – ohnehin eine ganz und gar unpassende Übersetzung – besteht: Gott, so heißt es da, „nahm also den Menschen und setzte ihn in den Garten von Eden, damit er ihn bebaue und hüte (!)"[6]. Die jahrhundertelange Blindheit der Kirchen für die

Würde der Schöpfung ist mitursächlich dafür geworden, dass sich über das sogenannte „christliche Abendland" eine Haltung in die Welt hinein verbreiten konnte, die der Indianerhäuptling Seattle in seiner berühmt gewordenen Rede von 1856 vor dem Gouverneur des Washington Territory mit den Worten charakterisierte:

Wir wissen, dass der weiße Mann unsere Art nicht versteht. Ein Teil des Landes ist ihm gleich jedem anderen, denn er ist ein Fremder, der kommt in der Nacht und nimmt von der Erde, was immer er braucht. Die Erde ist sein Bruder nicht, sondern Feind, und wenn er sie erobert hat, schreitet er weiter. ... Er behandelt seine Mutter, die Erde, und seinen Bruder, den Himmel, wie Dinge zum Kaufen und Plündern, zum Verkaufen wie Schafe oder glänzende Perlen. Sein Hunger wird die Erde verschlingen und nichts zurücklassen als eine Wüste.[7]

Seither ist der Chor solcher Stimmen nicht mehr verklungen. Heute gehören die Kirchen, zumal die großen christlichen Konfessionen, zusammen mit vielen Wissenschaftlern, Politikern, Schriftstellern und Kulturschaffenden zu den Inspiratoren eines „neuen Denkens". Ein Geisteswandel hat begonnen und erfasst weltweit immer mehr Frauen und Männer unterschiedlichster Religion und Weltanschauung. „Zur Erarbeitung dieser ‚globalen Ethik'", schreibt Michail Gorbatschow (geb. 1931) in seinem MANIFEST FÜR DIE ERDE, „rufen bereits so unterschiedliche Persönlichkeiten wie Papst Johannes Paul II., der jordanische Prinz Hassan bin Tallal und die birmesische Friedensnobelpreisträgerin Aung San Suu Kiy auf. Ihren Stimmen möchte ich meine hinzufügen."[8] In der auf seine Initiative hin erarbeiteten und im März 2000 veröffentlichten ERD-CHARTA heißt es:

Wir stehen an einem kritischen Punkt der Erdgeschichte, an dem die Menschheit den Weg in ihre Zukunft wählen muss. Da die Welt zunehmend miteinander verflochten ist und ökologisch zerbrechlicher wird, birgt die Zukunft gleichzeitig große Gefahren und große Chancen. Wollen wir vorankommen, müssen wir anerkennen, dass wir trotz und gerade in der großartigen Vielfalt von Kulturen und Lebensformen eine einzige menschliche Familie sind, eine globale Gemeinschaft mit einem gemeinsamen Schicksal sind.[9]

Was können wir tun, um unsere Erde zu erhalten? Wie kommen wir aus der Sackgasse heraus, in die Profit-, Leistungs- und Herrschaftsdenken die Menschheit gebracht haben? Und wie finden wir zu einem menschenwürdigen – „erdlingswürdigen" – Miteinander auf dem einen, gemeinsamen Planeten?

Wenn uns nicht gerade die näherliegenden Sorgen des Alltags beschäftigen, sind das die großen, bedrängenden Fragen, die uns heute bewegen. Ihre Beantwortung allein den Politikern zu überlassen, dazu ist uns, wenn es jemals begründet und ausreichend vorhanden war, das nötige Maß an Vertrauen geschwunden. Während noch immer viele Völker der Erde von beängstigend machtorientierten Diktatoren beherrscht werden, scheint selbst die Demokratie, die hart und mit so viel Blut erkämpfte Errungenschaft der modernen Staaten, in die Krise geraten zu sein. Wie demoskopische Untersuchungen in Deutschland zeigen, ist das Vertrauen in den Staat und in die Parteipolitiker drastisch gesunken. Nicht besser, eher schlechter noch schneiden die öffentlichen Vertreter der Kirchen und der Gewerkschaften ab. Als durchaus vertrauenswürdig und für die eigene Wertorientierung hilfreich werden dagegen unabhängige Organisationen wie Menschenrechts- und Umweltschutzgruppen eingeschätzt.[10]

Auch wenn es in erschreckendem Ausmaß gegenläufige Tendenzen gibt: Eine tiefgreifende Umkehr ist im Gange: vom Vertrauen auf „Macher" und Autoritäten zum eigenen, realitäts- und zielbewussten Handeln, von der Verbraucher-Mentalität zum ökologischen Bewusstsein, von der (Be-)Nutzung der Um-Welt zum Leben mit der Mit-Welt.

Und von Abgrenzung, Ausgrenzung und Feindschaft zur *Ökumene*. Das Wort „Ökumene" stammt aus der griechischen Antike und bezeichnete ursprünglich die „Wohngemeinschaft" der Völker im hellenistischen, später im römischen Kulturkreis, schließlich dann die Gesamtbewohnerschaft in der christlichen Welt. Heute steht dieser Begriff für das Bemühen um Eintracht zwischen den Konfessionen des Christentums und zwischen den verschiedenen Weltreligionen in unserem gemeinsamen Wohnhaus Erde. Und längst erstreckt sich dieses Bemühen auch auf den Dialog zwischen den Kulturen überhaupt. Denn immer mehr Menschen sind sich darüber klar, dass eine gesunde Haushaltsführung nur möglich ist, wenn wir zugleich um den *Hausfrieden* bemüht sind. Das eine gelingt nicht ohne das andere; das ist unterm Sternendach der Erde nicht anders als unterm Ziegeldach eines Eigenheims. Wir müssen lernen, miteinander zu *wohnen* in unserem gemeinsamen Haus und dabei unsere Ökonomie ökologisch so zu betreiben, dass das Dach nicht über uns allen zusammenbricht. Solange wir Parteiungen und Lager bilden und unsere eigene Identität – als Volk, als Konfession, als Religionsgemeinschaft, als philosophische und weltanschauliche Richtung, als Wirtschaftsunternehmen oder als Gewerkschaft, als Interessenverband oder als Gesellschaftsschicht – nur in Abgrenzung gegenüber anderen zu definieren wissen, dienen wir unweigerlich dem Unfrieden, dem Krieg und der Zerstörung. Wir Christen haben dies in der Geschichte ebenso reichlich bewiesen wie in der jüngeren Vergangenheit die auf atheistischen Weltanschauungen basierenden politischen Systeme des Nationalsozialismus und des Kommunismus oder in der Gegenwart die konkurrierenden Weltwirtschaftskonzerne, der „religiös" motivierte Islamismus und die mit pseudochristlichem Vokabular sich legitimierende Machtpolitik einiger Staatsoberhäupter.

Wir werden auf dem Wege dieser Besinnung, wenn wir ihn ehrlich und entschieden weitergehen, unsere je eigene Identität nicht verlieren. Es geht in der ökumenischen Bewegung um Zusammengehörigkeit, nicht um Gleichmacherei, es geht um *Einheit in Verschiedenheit,* um eine Eintracht, der zugunsten die jeweils eigene Identität nicht aufgegeben und die Identität anderer nicht niedergemacht werden muss. Wir werden auf dem Weg der Ökumene unsere Identität vielmehr finden. Freilich nur in dem Maße, wie wir erkennen: Was ich bin, bin ich nicht gegen die anderen, sondern durch sie, mit ihnen und für sie. Bundespräsident Johannes Rau hat dies in einer Ansprache zum Tag der Deutschen Einheit (im Jahr 2002) am Beispiel des Nationalbewusstseins sehr anschaulich zum Ausdruck gebracht:

Manche in unserem Land ... empfinden eher Unbehagen, wenn sie das Wort ‚Nation' hören oder wenn von unserer 'nationalen Geschichte' die Rede ist. Ich kann das verstehen. Dafür gibt es in unserer deutschen Geschichte wahrlich viele Gründe. Darum ist es für uns so besonders wichtig, dass wir den Unterschied zwischen Nationalismus und Patriotismus machen. Nationalisten verachten die Vaterländer aller anderen. Patrioten lieben ihr Vaterland und verstehen deshalb gut, wenn andere das ihre lieben. Wenn wir diesen Unterschied verstehen − und auf ihm bestehen, dann können wir uns auf unsere nationale Geschichte als eine der Quellen unserer Identität besinnen. Dann können wir die eigene Herkunft, Landschaft und Überlieferung als unser Erbe annehmen und pflegen.[11]

Eine *Ökumene* ist nötig auf unserem Erdball, nicht weniger nötig als eine ökologische Ökonomie. Eine Ökumene, die *alle* Erdenbewohner umfasst, be-

gründet in der Erkenntnis, dass wir zusammengehören mit allen Nationen, mit Pflanzen und Tie-
ren, Wetter und Stein. Gelebt und gepflegt werden
muss sie freilich von uns, den Menschen unter
den aus der „adama" Gebildeten. Entscheidend
wird sein, wie weit wir es lernen, menschlich –
und zärtlich – miteinander umzugehen: in unseren Freundschaften und Zweierbeziehungen, aber
auch, durch diese bestärkt, im Verhältnis zu allen
Mitmenschen und zu unserer gesamten Mit-Welt.
Es geht dabei um die *Zukunft*, um die Zukunft der
Familien und Gemeinschaften, der Gesellschaft,
der Religionen und der Kirchen, aber auch jedes
Einzelnen in seinem kurzen Dasein auf Erden.
Und – ich denke, damit greife ich durchaus nicht
zu hoch – um die Zukunft der Menschheit und
aller Lebewesen auf unserem Planeten.

Vielleicht
sind wir doch − Brüder.
Wir werden sehen.

Häuptling Seattle

2. Die „kritische Wende"

ZUR ÖKUMENE VON RELIGIÖSEN UND RELIGIONSLOSEN GIBT ES KEINE ALTERNATIVE

Setzt man die etwa fünf Milliarden Jahre seit der Entstehung der Erde mit einem 24-Stunden-Tag gleich, so begann die Geschichte des Menschen vor weniger als 30 Sekunden. 2,6 Millionen Jahre ist es her, dass sich, nach vielen vorangegangenen Entwicklungsschritten im Tier-Mensch-Übergangsfeld, unsere Gattung herauszubilden begann. Seine heutige Gestalt als *homo sapiens sapiens* bekam der Mensch, nach derzeitigem Wissensstand, sogar erst vor 130.000 Jahren − vor knapp zwei Sekunden. Wir sind sehr junge Bewohner im Wohnhaus Erde.

Über diese kurze und doch so lange Geschichte wissen wir nicht viel. Nur die letzten vier- bis fünftausend Jahre gehören, dank der um 2500 v. Chr. einsetzenden Schriftkultur, zur „historischen", näher erforschbaren Epoche der Menschheit. Paläontologische und archäologische Funde lassen jedoch keinen Zweifel daran, dass die Geschichte des Menschen von ihren Anfängen an als *Religionsgeschichte* verlaufen ist. Die Fähigkeit, reflektieren zu können, ermöglichte es unseren Ahnen, nicht nur Werkzeuge herzustellen, das Feuer zu nutzen und Sprache zu entwickeln; schon sehr früh müssen sie auch nach dem Woher und Wohin, Warum und Wofür des Daseins gefragt haben. Wie Bestattungsbräuche, Kultgegenstände und Höhlenmalereien zeigen, gaben sie ihren Verstorbenen Proviant für das Leben nach dem Tod mit ins Grab und verehrten die „Mächte und Gewalten", von denen sie sich abhängig erfuhren und zugleich getragen wussten – die „Mutter Erde", die Kräfte der Natur, die Gestirne am Himmel und schließlich geistige, übernatürliche Götterwesen.

Heute gehören fast 80 Prozent der Menschen einer der fünf großen, im Laufe der letzten dreitausend Jahre entstandenen Weltreligionen an. Neben dem Christentum, dem Islam, dem Hinduismus, dem Buddhismus und dem Judentum – so die Reihenfolge entsprechend dem statistischen Anteil in der Weltbevölkerung – gibt es gegenwärtig nach Auskunft der Soziologen noch mehr als 9.900 weitere eigenständige Religionen, nicht mitgezählt die vielen Konfessionen, von denen allein das Christentum über 33.000 kennt.[12] Sie alle haben ihre

Wurzeln in Erfahrungen und Einsichten, die auf einem jahrhunderttausendelangen Weg dem Leben abgerungen und über unzählige Generationen hin weitergegeben wurden. Jede religiöse Tradition hat dabei ihre eigene Identität entwickelt. Und doch dämmert den Glaubenden rund um den Erdball eine hoffnungsvolle, wenn auch für viele noch immer befremdliche Ahnung. Häuptling Seattle kleidete sie vor 150 Jahren in die Worte:

Völker bestehen aus Menschen – nichts anderem. Menschen kommen und gehen wie die Wellen im Meer. Selbst der weiße Mann, dessen Gott mit ihm wandelt und redet, wie Freund zu Freund, kann der gemeinsamen Bestimmung nicht entgehen. Vielleicht sind wir doch – Brüder. Wir werden sehen. Eines wissen wir, was der weiße Mann vielleicht eines Tages erst entdeckt: Unser Gott ist derselbe Gott. Ihr denkt vielleicht, dass ihr ihn besitzt, so wie ihr unser Land zu besitzen trachtet, aber das könnt ihr nicht. Er ist der Gott der Menschen – gleichermaßen der Roten und der Weißen.[13]

Ob im Fortgang des inzwischen weltweiten interreligiösen Dialogs[14] der Traum des Indianers Seattle Wirklichkeit werden wird? – „Wir werden sehen."

Mensch sein und religiös sein, daran jedenfalls besteht kein Zweifel, gehörten in der Geschichte der Menschheit immer zusammen. Wenn man in vergangenen Zeiten von „Heiden" sprach – etwa in der Bibel oder im Koran –, waren damit nicht Religionslose gemeint, sondern Andersgläubige einer fremden Kultur oder solche aus den eigenen Reihen, die man zu den weniger Frommen zählte. Selbst die Bezeichnung „Atheist" galt nicht den Ungläubigen; so nannte man in der griechischen Antike Gelehrte wie Sokrates, Aristoteles oder Platon, die den überkommenen Göttervorstellungen ein entmythologisiertes, philosophisches Gottesbild entgegenstellten, oder im römischen Reich des 1. bis 3. Jahrhunderts die Juden und die Christen, weil sie die Götter der Staatsreligion nicht verehrten. Mit Selbstverständlichkeit glaubten die Völker der Erde an die Existenz „höherer Mächte", an den einen *Gott* oder an eine Vielzahl von *Göttern*, an *den* Gott oder an *das* Göttliche, oder doch in irgendeiner Form (wie etwa im Buddhismus und im Taoismus) an ein „Absolutes" oder „Letztes" hinter allem Augenscheinlichen und Endlichen.

Bis ins 18. Jahrhundert hinein. Bis zu jener *kritischen Wende* – ein Fachausdruck der Religionswissenschaftler[15] –, die wir die Aufklärung nennen. Seither nimmt im einst christlichen Europa die Zahl der Menschen zu, die Gott und die Glaubensinhalte vor das Forum der *Vernunft* stellen. Ist das, was die Kirchen lehren, wirklich wahr, sind religiöse Praktiken und Anschauungen mit unserem Wissen um die Zusammenhänge in Natur und Geschichte überhaupt (noch) vereinbar? – so und ähnlich lauteten nun die Fragen, die immer mehr Menschen bewegten. Im Zuge des rationalen, natur- und geschichtswissenschaftlichen Denkens kam es schließlich zu der Auffassung: da Gott nicht beweisbar sei, könne es ihn auch nicht geben. Die Religionskritik des Dialektischen Materialismus wie auch einiger anderer philosophischer und nicht zuletzt psychologischer Schulen des 19. und 20. Jahrhunderts untermauerte diese Ansicht. Überall in Europa wandten sich Tausende, vornehmlich aus der Arbeiterschaft und aus der jeweils jungen Generation, von ihrer Kirche ab.

Inzwischen ist daraus ein globales Phänomen geworden, und nicht mehr nur das Christentum ist davon betroffen. Diejenigen, die sich nach eigenem Bekunden keiner Religion zurechnen, bilden gegenwärtig etwa 20 Prozent der Weltbevölkerung. Sie nehmen in der Statistik nach den Christen und vor den Muslimen den zweiten Platz ein und sind die im 20. Jahrhundert prozentual am stärksten gewachsene Gruppe in der Menschheit.[16] Besonders schlagen dabei freilich kommunistische Staaten wie China und Nordkorea wie auch einige Länder der ehemaligen UdSSR zu Buche.[17] Doch selbst das religiös und religionspluralistisch geprägte Nordamerika hat bereits einen Anteil von fast 20 Prozent. In unserem Teil der Erde, im einst christlichen Abendland, bauen durchschnittlich zwei Drittel religionslos Lebende am neuen „Haus Europa" mit. Hier stieg die Zahl der Kirchenaustritte seit 1968, dem Jahr des Aufbegehrens gegen die Institutionen Schule, Staat und Kirche, sprunghaft an.[18] – Mögen solche Zahlen in den verschiedenen Erhebungen auch (leicht) differieren[19], so lässt sich doch nicht übersehen, dass am Beginn des dritten Jahrtausends sehr viele Menschen auf unserem Planeten ihr Leben ohne Religionszugehörigkeit gestalten. Das ist neu in der Geschichte der Menschheit.

Hinzu kommt die statistisch nicht oder nur schwer fassbare Zahl derer, die sich zwar ihrer von religiösen Traditionen geprägten Kultur zugehörig fühlen, innerlich aber längst Abschied genommen haben von der Glaubenssicht ihrer Eltern- und Großelterngeneration. So bezeichnen sich viele als Muslime, weil sie aus dem kulturellen Bereich des Islam stammen, glauben aber weder an Allah noch beachten sie die Regeln des Islam. Der Schriftsteller Jurek Becker (geb. 1937), Sohn jüdischer Eltern, bekennt, was ihm „Judentum nicht bedeutet": „Auf keinen Fall das Zugehörigkeitsgefühl zu einer Religionsgemeinschaft. Mir, der ich ein Atheist bin, kommt die jüdische Religion nicht einsichtiger vor als jede andere, und die Beschäftigung mit ihr – eine zugegeben nur oberflächliche – hat mich der Erleuchtung um keinen Schritt näher gebracht."[20] Und nach der Studie des ALLENSBACHER INSTITUTS vom Januar 2003 hält sich in Deutschland nur noch jeder fünfte Kirchensteuer zahlende Katholik für einen gläubigen Christen.[21]

Ein besonders markantes Beispiel für die derzeitige Situation ist das heutige Russland.[22] Zwar stieg seit der politischen Wende die Zahl derjenigen, die sich als orthodox-kirchliche Christen bezeichnen, bis zum Jahr 2000 erstaunlich an. Doch nur ein Fünftel der russichen Bevölkerung glaubt tatsächlich an die Existenz Gottes. Ähnliche Zahlen wurden in den vom Islam geprägten Volksgruppen Russlands und anderer ehemaliger Sowjetstaaten ermittelt. Religion, so Sergej Filatow, der Direktor eines Moskauer religionssoziologischen Instituts, ist für die Mehrheit der Bevölkerung ein „nationales Kultursymbol", eine Sache der „nationalen Wiedergeburt", nicht der persönlichen Lebenseinstellung; es habe sich gezeigt, „dass das formell deklarierte und zunehmende Bekenntnis zur Orthodoxie kein Wachstum der realen Religiosität bewirkt".[23]

Konnte man die Gesamtbevölkerung eines Landes oder einer Region noch in der ersten Hälfte des 20. Jahrhunderts in „Gläubige" und „Atheisten" einteilen, so muss man heute genauer differenzieren. Der Atheist kann nicht mehr ohne weiteres mit einem Religionslosen gleichgesetzt werden, der Religionslose nicht mit einem Ungläubigen und der Angehörige einer Religion bzw. Konfession nicht mit einem Gläubigen. Während der „klassische" Atheist eine bewusste Entscheidung für ein Leben ohne Gott gefällt hat, ist der Religionslose der Gegenwart in vielen Fällen mit der Gottesfrage persönlich nie ausdrücklich in Berührung gekommen, in anderen Fällen hat er durchaus einen Gottesglauben, ohne einer Religionsgemeinschaft anzugehören. Der religiös bzw. konfessionell Gebundene dagegen ist, wie es sich im Judentum, im Islam oder, drastisch zunehmend, in den christlichen Kirchen zeigt, nicht unbedingt ein von der Existenz Gottes und der Wahrheit der Glaubenslehren Überzeugter. Hinzukommt, dass die Begriffe „Religion" und „religiös" ohnehin vielschichtig sind: Der Buddhismus etwa ist eine Religion ohne Gottesglauben, und viele Menschen vollziehen religiöse Praktiken, ohne die dazugehörende Glaubenssicht zu übernehmen. – Wenn ich also in diesem Buch von „Religiösen" und „Religionslosen" spreche, so bin ich mir der Unschärfe der Worte bewusst. Es sind eher umgangssprachlich gebrauchte Sammelbegriffe, hinter denen letztlich je eigene, sehr persönliche Lebenshaltungen stehen.

Wie auch immer: Die Menschheitsgeschichte hat aufgehört, mit Selbstverständlichkeit eine Religionsgeschichte zu sein.

Die Gründe für diese – weltweite – Entwicklung sind vielfältig. Ich will ihnen hier nicht nachgehen. Es ist schon viel darüber geschrieben worden, aus unterschiedlicher Perspektive. Erst recht liegt es mir fern, aus der Position des „überzeugten Christen" ein Urteil über die „Ungläubigen" unserer Zeit zu fällen. Erwähnen möchte ich jedoch, dass die Katholische Kirche, der ich angehöre, in einem ihrer Dokumente des Zweiten Vatikanischen Konzils (von 1965) das Bekenntnis ablegte:

Der Atheismus, allseitig betrachtet, ist nicht eine ursprüngliche und eigenständige Erscheinung; er entsteht vielmehr aus verschiedenen Ursachen, zu denen auch die kritische Reaktion gegen die Religionen, und zwar in einigen Ländern vor allem gegen die christliche Religion, zählt. Deshalb können an dieser Entstehung des Atheismus die Gläubigen einen erheblichen Anteil haben, insofern man sagen muss, dass sie durch Vernachlässigung der Glaubenserziehung, durch missverständliche Darstellung der Lehre oder auch durch die Mängel ihres religiösen, sittlichen und gesellschaftlichen Lebens das wahre Antlitz Gottes und der Religion eher verhüllen als offenbaren.[24]

Insoweit unter die hier genannten Gläubigen auch und zuallererst die in der Kirchenleitung Tätigen und meine Berufsinnung, die Priester und Ordensleute, gezählt werden, kann ich diesem Bekenntnis nur voll und ganz zustimmen.

Worin auch immer die „verschiedenen Ursachen" noch zu suchen wären – jedenfalls sind wir heute vor die Tatsache gestellt, dass sich die Gattung Mensch, was die weltanschaulichen Fragen betrifft, in unterschiedliche „Spezies" gegliedert hat. Der *homo religiosus* und der *homo areligiosus* – der religiöse und der nichtreligiöse Mensch –, beide in noch einmal sehr verschiedenen Arten auftretend, bevölkern gleichermaßen den Erdball. Und spätestens die unaufhaltsam voranschreitende Globalisierung brachte es mit sich, dass sie nicht unvermischt je eigene Territorien besiedeln. Sie wohnen in derselben Straße, arbeiten zusammen im Büro und an der Werkbank, gehen Ehen und Lebenspartnerschaften miteinander ein und gehören zur selben Familie, sie besuchen die gleiche Schule und die gleiche Universität, treffen sich im Chatroom des Internets über die Kontinente hinweg, warten nebeneinander im langen Flur des Arbeitsamtes, hoffen im selben Krankenzimmer auf Gesundung ...

Was uns noch eint, ist, dass wir Menschen sind. Menschen – ein jeder mit einem ganz eigenen, nie dagewesenen, unverwechselbaren Herzen, ein jeder mit seinen Sehnsüchten, seinen Ängsten, mit seinen Hoffnungen und seinen Enttäuschungen ..., angewiesen auf den anderen und verwiesen auf den anderen. Als Bewohner desselben „Hauses" teilen wir, gewollt oder ungewollt, Freud und Leid des Alltags und die Sorgen um die Zukunft. Einer wie der andere stehen wir in derselben menschlichen Ausgangssituation: Wir finden uns im Dasein vor, ungefragt und ohne eigenes Dazutun, und müssen uns den Herausforderungen stellen, die das Leben an uns heranträgt.

Wir haben alle dieselbe Natur, wir erleiden alle dasselbe Los. So hat es keinen Sinn, miteinander feindselig und zornig umzugehen[25],

heißt die schlichte Botschaft des tibetischen Dalai Lama an die Völker der Erde. *Uns eint, dass wir Menschen sind* – Menschen zuerst, *vor* jeder Religionszugehörigkeit und *vor* jeder weltanschaulichen Überzeugung.

Eigentlich eine einsichtige, tagtäglich erfahrbare Wahrheit. Im Osten Deutschlands, meinem Lebensraum von Geburt an, ist daraus bereits weithin eine selbstverständliche Grundeinstellung geworden. Ich finde sie vor allem unter denen, die weder religiös noch ausdrücklich atheistisch zu leben gewohnt sind. Andere tun sich noch immer schwer mit dieser Wahrheit. Gerade unter den aktiven Christen – im Osten wie im Westen –, auch unter den hauptamtlich in den Kirchen Tätigen, und ebenso unter den bekennenden Atheisten denken noch so manche eher abschätzig über die jeweils andere Position, reden überheblich von den „Gottlosen" oder sagen verächtlich: „Der geht auch noch zur Kirche!" Sogar vor moralischen Diskriminierungen schrecken die einen wie die anderen nicht zurück. Gewiss steht hinter solchen Haltungen ein hohes Wertempfinden für den eigenen

Glauben und die eigene Überzeugung, meiner Wahrnehmung nach aber auch, auf beiden Seiten, die Angst.

Und hinter der Angst lauert die unangenehm herausfordernde Stimme, die fragt: Hat nicht vielleicht doch der andere Recht? Ist nicht vielleicht doch etwas dran an der Daseinsdeutung, zu der er sich bekennt und auf deren Basis er seinem Leben Sinn abverlangt? Ist seine Sicht vielleicht sogar doch die „richtigere", ist nicht auch sie zumindest bedenkenswert? – Es ist die verdrängte Stimme einer weiteren Wahrheit. Auch sie trat mit der Aufklärung ein in die Geschichte der Menschheit, die bisher immer eine Religionsgeschichte war. Dürfte sie reden, würde sie dem Christen, und ähnlich dem Gläubigen anderer Religionen, sagen: *Es gibt für den Glauben an Gott letztlich keinen Beweis.* Und der Atheist müsste hören: *Die Überzeugung, es sei nichts existent außer Materie und Natur, ist nicht mehr als ein Glaube.*

Das macht Angst, dem einen wie dem anderen. Dieser Wahrheit ins Auge zu schauen, ist schwer. Sie könnte, würden wir uns ihr stellen, alle Sicherheiten erschüttern, sie würde am Lebensfundament sägen. Doch sie ist da, leibhaftig zugegen im Andersdenkenden neben mir. Dessen Lebenssicht stellt die meine in Frage – und damit die meine unanfechtbar bleibt, darf die des anderen nicht wahr sein ...

Wir leben heute, trotz aller Nachwehen winterlicher Kälte, in einer geradezu frühlinghaften Zeit. Immer mehr Menschen sehen zuerst den Menschen im anderen Menschen. Sie haben die Scheu vor dem Andersdenkenden abgelegt, erkennen dessen Wert und Würde und leben in Freundschaften miteinander. So miteinander umzugehen, ist Neuland – weithin noch brachliegendes, aber Ertrag verheißendes Neuland. Es „unter den Pflug zu nehmen", ist die große Herausforderung der geschichtlichen Stunde. Denn die Stimme der Aufklärung wird nicht verstummen. Sie hat längst die nächste, heute noch junge Generation erreicht, und sie wird – wenn nicht alles täuscht – auch in die Regionen der Erde vordringen, in denen derzeit noch religiöse Glaubensüberzeugungen oder atheistische Denkweisen als sicher und unhinterfragbar gelten. So sehr und von Herzen ich jedem Menschen den christlichen Glauben wünschte – weil er mir ungeheuer wertvoll ist und weil ich persönlich das, was Jesus von Nazaret in die Welt gebracht hat, für das Kostbarste halte, was der Menschheit geschenkt worden ist –, so bin ich doch davon überzeugt: Das 21. Jahrhundert wird uns mehr und mehr zu der Erkenntnis führen, dass es berechtigten Grund gibt, religiös zu sein, wie auch berechtigten Grund, religionslos zu leben.

Es gibt auf Zukunft hin zur *mitmenschlichen Ökumene von Religiösen und Religionslosen* keine Alternative. Und Ökumene ist mehr als tolerierendes Nebeneinander.

Ich lebe Auge in Auge
mit dem Nichts – zumindest
reicht meine Erfahrung nicht weiter.
Das heißt aber nicht,
daß mein Leben keinen Sinn hat.

Reiner Kunze

3. Artisten ohne Seil und Netz

WIR ALLE SIND GLAUBENDE

Vergleicht man das, was hinsichtlich der weltanschaulichen Fragen seit zwei, drei Jahrhunderten in der Menschheit geschieht, mit einem Erdbeben – aus der Sicht der Religions- und Kulturgeschichtler ein durchaus angemessenes Bild[26] –, dann befindet sich sein derzeitiges Epizentrum[27] im Osten Deutschlands. Keine Region auf unserem Planeten ist derartig stark von den Folgen der „kritischen Wende" betroffen wie das Land zwischen Erzgebirge, Rennsteig und Ostsee. Nur Böhmen, Estland und die Ukraine sind in einer annähernd ähnlichen Situation.

Macht heute[28] im Bereich der alten Bundesländer der Anteil derer, die beim Ausfüllen von Personalbögen hinter „Religionszugehörigkeit" einen Strich eintragen, knapp 35 Prozent aus, so sind es in den neuen Bundesländern durchschnittlich 75 Prozent.[29] Örtlich, wie in meinem Wohnort Birkenwerder nördlich von Berlin, liegt ihre Zahl weit darüber.[30] Die Erwartung christlicher Kreise zu Beginn der 1990er Jahre, nach dem politischen Untergang des Marxismus-Leninismus würden die Gottesdienste wieder mehr besucht werden, ja die Zahl der Taufen und der Wiedereintritte in die Kirche steigen, hat sich, aufs Ganze betrachtet und von örtlichen Ausnahmen abgesehen, nicht erfüllt. „Das wiedervereinigte Deutschland", schreibt der Hallenser Religionswissenschaftler Helmut Obst, „befindet sich auf dem Weg in die mehrheitliche Konfessionslosigkeit, so unsere herausfordernde Feststellung. Im Osten ist sie bereits gegeben und dürfte sich bei fast 90% einpendeln. Im Westen und Süden droht sie langfristig, im Norden mittelfristig."[31] Selbst die Meinung, Konfessionslose seien religiöser, als mancher denkt, trifft nach dem Urteil von Helmut Obst nicht zu: Neun von zehn Konfessionslosen in den jungen Bundesländern zeigen den Erhebungen nach keinerlei Merkmale persönlicher Religiosität.[32] Anders als in Russland, wo die Hinwendung zum Okkultismus oder zu esoterischen Fragmenten asiatischer Religionen nach der politischen Wende in der Bevölkerung nur so boomte[33], scheint der ehemalige DDR-Bürger auch gegenüber pseudoreligiösem Gedankengut weithin gefeit zu sein.

Die politische und geistig-kulturelle Situation nach dem Zweiten Weltkrieg hat im Osten Deutschlands dazu geführt, dass sich heute für die meisten Menschen die Gottesfrage nicht mehr stellt. Mehr als die Hälfte der religiös Nichtorganisierten ist nie aus der Kirche ausgetreten, sondern lebt konfessionslos in der zweiten oder gar schon dritten Generation. Auch charakterisieren sich nur 20 Prozent aller Religionslosen in Ostdeutschland als „überzeugte Atheisten" – die meisten bezeichnen sich weder als atheistisch noch als areligiös, sondern, weil sie ja augenscheinlich die Mehrheit in der Bevölkerung bilden, einfach als „normal". Er sei nicht Atheist, sondern „Untheist", schreibt Erich Loest, ein Schriftsteller, der aus dem ostdeutschen Mittweida stammt.[34]

Wer in Ostdeutschland juristisch religions- und konfessionslos ist, der ist es in der Regel auch in seiner Lebenseinstellung. Und wie sich einst im 16. Jahrhundert von Wittenberg her die protestantische Form des Christentums in die Welt hinein ausbreitete, so ziehen – wohl stärker, als mancher „Seismograph" es wahrnimmt – seit sechs Jahrzehnten von Halle, Berlin oder Leipzig her die Wellen einer neuen, völlig religions*frei* gestalteten Denk- und Lebenskultur ihre Kreise über den Planeten.

Es hat mich persönlich schon immer fremdartig berührt, wenn gläubige Christen, Vertreter der Kirchenleitungen oder von der christlichen Tradition geprägte Politiker und Publizisten mit Selbstverständlichkeit davon ausgehen, dass religionslose Menschen keinen Sinn in ihrem Leben finden könnten, zwangsläufig dem Geld, dem Wohlstand und der Karriere hinterherlaufen müssten, es ihnen an moralischem Halt und an ethischen Werten fehle, sie den Tod verdrängen würden, die Mitmenschlichkeit auf der Strecke bliebe und von einer atheistischen oder religionslosen „Kultur" keine Rede sein könne.

Ich kann dem nicht zustimmen. Meine Erfahrung im Zusammenleben sowohl mit marxistisch und vom naturwissenschaftlichen Denken her geprägten Atheisten wie auch mit denen, die aufgrund ihrer Lebensgeschichte mit Religion nie näher in Berührung gekommen sind, ist eine andere. Natürlich kenne ich Ellenbogenmentalität, Intoleranz und geistige Enge, Karrieredenken, Intrigantentum, Schamlosigkeit und Heuchelei – aber das alles finde ich unter Christen und in kirchlichen Einrichtungen ebenso wie unter den „Ungläubigen". Und Menschen, die keinen Sinn (mehr) sehen in ihrem Dasein, die in Ängsten gefangen sind, in Ängsten vor dem Leben und in Ängsten vor dem Tod, auch solche, denen es an jeglicher Art von Kultur zu fehlen scheint, gibt es in beiden Spezies des homo sapiens sapiens, unter den religiösen wie den religionslosen Menschen. Gewiss mangelt es vielen, vor allem den nach dem Zweiten Weltkrieg Geborenen, an fundamentalstem Wissen über die Bibel und die christliche Tradition, und damit ist ihnen auch der Zugang zu den Kulturschätzen Europas – zu den großen Werken der Literatur, der gestaltenden Kunst, der Musik und der Architektur – erschwert, nicht selten zur abendländischen und deutschen Geschichte überhaupt.

Doch dafür sind so manche von ihnen beneidenswert frei von all den Verbogenheiten der Seele und des Geistes, die ein falsch verstandenes Christentum über Generationen hin in die Gemüter der Gläubigen geprägt hat. Viele unter den „Ungläubigen" haben ein Werte-Bewusstsein und leben eine Mitmenschlichkeit, durch die sie meinem Herzen näher sind als mancher Christ. Der aus Oelsnitz im Erzgebirge stammende, 1977 in die Bundesrepublik übergesiedelte Schriftsteller Reiner Kunze (geb. 1933) gestand 1987 in einem Interview:

Als ich noch in der DDR lebte, erhielt ich für eine Nacht Camus 'Der Mythos von Sisyphos' geliehen. ... Aus diesem Buch blickte mich ein Mensch an – und es war für mich ein Blick für das ganze Leben. Ich fand meine Weltsicht formuliert: Ich lebe Auge in Auge mit dem Nichts – zumindest reicht meine Erfahrung nicht weiter. Das heißt aber nicht, daß mein Leben keinen Sinn hat. Jeder trägt Verantwortung – für sein eigenes Leben und für das der anderen, und das verpflichtet zu Solidarität.[35]

Ähnlich denken – und handeln – bis heute viele meiner religionslosen Bekannten und Freunde. Ich kann aus eigener Erfahrung nur bestätigen, was der in Erfurt lehrende katholische Philosophieprofessor Eberhard Tiefensee (geb. 1952) bereits mehrfach, durch seriöse Untersuchungen gut belegt, betont hat: „Die neuen Bundesländer beweisen nun, dass die Gesellschaft ohne Religion offenbar nicht merklich schlechter funktioniert als mit ihr. Besonders die These vom Werteverfall in einer areligiösen Gesellschaft ist derzeit kaum zu halten. ... Auch signifikante Desorientierungen oder Sinndefizite lassen sich nicht feststellen."[36]

Ich war Theologiestudent, als ich die ersten Gedichte von Eva Strittmatter (geb. 1930) las, einer DDR-Schriftstellerin, die heute zu den meistgelesenen und populärsten Lyrikern im deutschen Sprachraum zählt. Unter ihren Versen fand ich damals folgendes Bekenntnis:

Gott

Ich leb mein Leben ohne Gott,
Aber mit seiner Negation
Und treibe mit ihm keinen Spott.
Ich kenne keine Religion,
Der ich mich unterwerfen würde.
Aber ich achte das Prinzip:
Nehmt voneinander eure Bürde
Und: Habt den andren Menschen lieb,
Er ist wie ihr. Alttestamentlich
Geprägter schöner Gleichheitssatz.
Und wär das Weltall auch unendlich,
Die Erde hat für alle Platz.
Und GOTT war diesseits oder gar nicht,
Verkörperung für ein Gesetz.

WIR wollen Flieger sein mit Klarsicht,
Artisten ohne Seil und Netz.[37]

Aus diesen Zeilen sprach eine Lebenseinstellung, wie sie in der DDR von vielen Menschen vertreten wurde. Zu Recht wechselt die Dichterin vom Selbstbekenntnis in der Ich-Form zum betonten „WIR". Eva Strittmatter hatte, ähnlich wie schon damals viele Tausend andere, ihre Existenz entschieden auf das Fundament „Ich leb mein Leben ohne Gott" gebaut. Und doch hatte sie ihre Seele nicht an irgendwelchem Treibholz festgemacht; sie hatte ein „Prinzip", eine Basis, auf das sie ihr Leben und ihr schriftstellerisches Wirken gründete: *die Menschenwürde*. Diese Lebenseinstellung hatte mich als 22-Jähriger so sehr fasziniert, dass ich mich entschloss, auch selbst als humanistischer Atheist zu leben; ein Jahr lang, still-heimlich, habe ich es durchgehalten ... Heute, vierzehn Jahre nach dem Mauerfall, begegnet mir die gleiche Lebenseinstellung – bei weitem nicht nur hier im Osten Deutschlands – auf Schritt und Tritt. *Solche* Atheisten „treiben keinen Spott" (s. o.), weder mit Gott noch mit den Gläubigen.

Ob wir Christen und religiös Orientierten es wahrhaben wollen oder nicht: Die Zukunft – wie weithin bereits die Gegenwart – gehört beiden „Menschenarten", dem homo areligiosus ebenso wie dem homo religiosus. Selbst die Haltung des Pop-Sängers Udo Lindenberg – „Ich bin multireligiös. Ich bin interessiert an den Möglichkeiten hinter dem Horizont und da bin ich sehr open"[38] – dürften längst nicht alle aus seiner Fan-Gemeinde teilen.

Und was die weltanschaulich-philosophischen Grundlagen für die je verschiedenen Daseinsdeutungen angeht, so sind wir *alle* „Artisten ohne Seil und Netz" (s. o.). Es gibt nicht die Sicherheit des Wissens und der Beweise, weder für die eine noch für die andere Lebenssicht.

Schon Thomas von Aquin (1225-1274), der große christliche Theologe des Hochmittelalters, sprach von denkerischen Wegen („viae"), die den Glauben an Gott stützen, nicht, wie er fälschlich ausgelegt wurde, von Beweisen für Gott. Darüber hinaus stand ihm klar vor Augen, dass das Absolute, auf das er mittels seiner rationalen Denk-Wege schloss, nicht zwingend als „Gott" bezeichnet werden müsse. Er sagte nur feststellend: „... und das nennen alle Gott."[39] Heute würde Thomas in theologischer Redlichkeit hinzufügen: „... und viele nennen es absolute Materie oder Weltgeist, alles durchwaltende Energie oder höhere universelle Kraft." Seine und andere Denk-Wege wollen und können nicht Gottesbeweise sein, sie machen lediglich einsichtig, dass der Gottesglaube vernünftige Argumente für sich hat. *Gott ist immer der geglaubte, nicht der „gewusste" Gott.*

Doch ebenso sind die Zeiten vorüber, in denen man den vermeintlich sicheren Schluss ziehen konnte, Gott oder das Göttliche sei, da nicht beweisbar, folglich auch nicht existent. Wer heute noch seinen Atheismus gar mit der Naturwissenschaft beweisen wollte, muss zumindest zur Kenntnis nehmen, dass gerade vonseiten der Kosmos- und der Evolutionsforschung, die in den Kirchen über lange Zeit hin als Bedrohung für den Glauben an Gott empfunden und von atheistischen Weltanschauungen gegen die Religionen ins Feld geführt wurden, sogar sehr plausible Argumente kommen, die eher für den Gottesglauben sprechen. Auf den Punkt gebracht, stellt uns das derzeitige Wissen um die Beschaffenheit des Universums und die

Entstehung des Lebens nur noch vor die Wahl, an ein unglaubliches Maß an Zufall über Zufall zu glauben oder an einen großen, alles umfassenden, schaffenden und ordnenden Geist.[40]

Der britische Astrophysiker Paul Davies (geb. 1946) spricht aus, worin sich seriöse Naturwissenschaftler wie Albert Einstein, Werner Heisenberg, Pascal Jordan, Carl Friedrich von Weizsäcker, John Polkinghorne oder Ilya Prigogine trotz unterschiedlicher Meinungen in Sachfragen einig sind: „Es mag seltsam erscheinen, aber meiner Auffassung nach bieten die Naturwissenschaften einen sichereren Weg zu Gott als die Religion"[41], denn „die Gesamtheit der physikalischen Dinge" verlange „nach einer Erklärung von außerhalb".[42] Zwar läuft alles in der Natur, so wissen die Kundigen der Naturwissenschaften, nach uns bekannten und noch nicht bekannten Gesetzen ab, und jeder Schritt zum „Höheren" im physikalischen, chemischen wie biologischen Entwicklungsgeschehen hat (mehr oder weniger erkennbare) natürliche Ursachen. Aber das heißt nicht, dass darin eine alles erklärende Notwendigkeit walten würde. „Um die unvorstellbare Genauigkeit zu veranschaulichen, mit der das Universum reguliert worden zu sein scheint", sagen die russischen, jetzt in den USA lebenden Astrophysiker Igor und Grischka Bogdanov, „braucht man sich nur vorzustellen, welche Leistungen ein Golfspieler zu erbringen hätte, dem es gelingen müsste, von der Erde aus seinen Ball in ein Loch irgendwo auf dem Mars zu platzieren ..."[43] – Nicht weniger beeindruckend sind die Überlegungen, die Naturwissenschaftler und Philosophen unter dem Begriff „anthropisches Prinzip"[44] zusammenfassen: Wären in unvorstellbar großer Zahl von Situationen im Entwicklungsprozess unseres Universums und dann unseres Planeten auch nur Winzigkeiten anders geschehen, als sie geschehen sind, hätte es den Menschen nicht geben können. Ein in diesem Zusammenhang gern gebrauchter Vergleich sagt, dass selbstbewusstes Leben aufkommen konnte, sei so (un)wahrscheinlich wie die Möglichkeit, dass eine Stecknadel, die senkrecht auf einen Spiegel gestellt würde, ca. 6 Tausend Jahre stehen bliebe.[45]

Aber wie gesagt: Solche Argumente können, so beeindruckend sie sein mögen, weder die Existenz noch die Nichtexistenz Gottes beweisen. Der britische Philosoph John Leslie Mackie zum Beispiel (gest. 1981) hat sich als bekennender Atheist in großer Fairness und denkerischer Redlichkeit mit vielen dieser Argumente und allen je vorgetragenen „Gottesbeweisen" auseinandergesetzt, und dennoch wiegen für ihn die Gegenargumente schwerer: Er bleibt bei seiner atheistischen Ausgangsposition. Mit der gleichen Redlichkeit und in Auseinandersetzung mit denselben Argumenten fanden andere – ich schließe mich selbst mit ein – durch die Lektüre seines Buches, das er, nicht ohne Ironie, DAS WUNDER DES THEISMUS nannte[46], eine Bestärkung ihres Glaubens an Gott. – Dieses Buch ist übrigens, soweit ich es sehen kann, der letzte sachlich argumentierende Versuch, die Nicht-Existenz Gottes philosophisch-wissenschaftlich begründen zu wollen.

Wir stehen heute vor der nicht mehr rückgängig zu machenden Erkenntnis, dass die Frage „Gott oder nicht Gott" nur mit einer *Glaubens*entscheidung beantwortet werden kann. Es gibt *Hin*weise und rationale *Argumente* für die Vernünftigkeit einer solchen grundlegenden Lebensentscheidung, aber das sind – in unterschiedlicher Bewertung – Argumente für die Vernünftigkeit beider Positionen. Wir alle, die Religiösen wie die Religionslosen, sitzen, was die weltanschaulichen Grundfragen betrifft, im selben Boot. Wir kommen nicht daran vorbei, das Leben *glaubend* auf eine der beiden Karten zu setzen – ohne jede Überheblichkeit, es besser zu „wissen" als der, der sich anders entschieden hat. In seiner Einführung in das Christentum schreibt der katholische Theologe und jetzige Kurienkardinal Joseph Ratzinger (geb. 1927):

Wie es dem Glaubenden geschieht, dass er vom Salzwasser des Zweifels gewürgt wird, das ihm der Ozean fortwährend in den Mund spült, so gibt es auch den Zweifel des Ungläubigen an seiner Ungläubigkeit, an der wirklichen Totalität der Welt, die zum Totum *(zum einzig Existenten, R. K.) zu erklären er sich entschlossen hat. Er wird der Abgeschlossenheit dessen, was er gesehen hat und als das Ganze erklärt, nie restlos gewiss, sondern bleibt von der Frage bedroht, ob nicht der Glaube dennoch das Wirkliche sei. ... So wie also der Gläubige sich fortwährend durch den Unglauben bedroht weiß, ihn als seine beständige Versuchung empfinden muss, so bleibt dem Ungläubigen der Glaube Bedrohung und Versuchung seiner scheinbar ein für allemal geschlossenen Welt. Mit einem Wort – es gibt keine Flucht aus dem Dilemma des Menschseins. Wer der Ungewiss-*

heit des Glaubens entfliehen will, wird die Ungewiss-
heit des Unglaubens erfahren müssen, der seiner-
seits doch nie endgültig gewiss sagen kann, ob nicht
doch der Glaube die Wahrheit sei. ... Es ist die
Grundgestalt menschlichen Geschicks, nur in dieser
unbeendbaren Gestalt von Zweifel und Glaube, von
Anfechtung und Gewissheit die Endgültigkeit seines
Daseins finden zu dürfen.[47]

Ich denke, wir sollten uns dieses „Dilemma des
Menschseins" einmal in Ruhe bewusst machen.
Das allein schon wäre ein entscheidender Schritt
hin zu einem ehrlichen und menschenwürdigen
Miteinander. Um unsere je eigene Identität müssen wir dabei wirklich nicht fürchten. Wir werden
sie vielmehr von neuem finden, gereinigt von Ober-
flächlichkeiten und Irrtümern und mit einem tieferen Verständnis für die eigene Position und für die
des Andersdenkenden. Wir im Osten Deutschlands,
so meine ich, haben diesbezüglich – aufgrund unserer langen Erfahrung im Zusammenleben von
Religiösen und Religionslosen – eine Art Pionier-
aufgabe in der Wohngemeinschaft Erde.

*Strahlend und unvergänglich
ist die Weisheit;
wer sie liebt, erblickt sie schnell,
und wer sie sucht, findet sie.
Denen, die nach ihr verlangen,
gibt sie sich sogleich zu erkennen.
Wer sie am frühen Morgen sucht,
braucht keine Mühe,
er findet sie vor seiner Türe sitzen.*

Die Bibel, Buch der Weisheit

4. Salomos Königsweg

DIE WEISHEIT WARTET VOR JEDER TÜR

Es war kurz vor der Zeitenwende, um das Jahr 30 v. Chr. in Alexandria. Wenn es schon damals irgendwo auf dem Erdball eine multikulturelle und weltanschaulich-pluralistische Gesellschaft gab, dann in dieser Stadt am Mittelmeer, im Norden von Ägypten. Die einst kleine Hafensiedlung war im 4. Jh. v. Chr. von dem griechischen Eroberer Alexander dem Großen zum Militärstützpunkt und Handelszentrum ausgebaut worden, nach ihm residierten hier die Pharaonenkönige der Ptolemäer-Dynastie, und erst kürzlich, nach der Seeschlacht bei Actium im Jahre 31 v. Chr., hatten sich die Römer die Stadt einverleibt. Die Metropole, im fruchtbaren Nildelta gelegen, zählte inzwischen mehr als eine halbe Million Einwohner. Handwerker, Händler, Bauleute, Künstler und Gelehrte aus Griechenland, Nordafrika und Ägypten, aus dem vorderasiatischen Osten und dem römischen Weltreich lebten, als Freie und als Sklaven, an diesem Ort zusammen, und die unterschiedlichsten Kulturen, Religionen und Lebenseinstellungen prägten das Bild der weltoffenen Stadt. Natur- und Geisteswissenschaften standen in Blüte, und Alexandrias Bibliothek galt ihrer umfangreichen Schriftensammlung wegen als einmalig weit und breit.[48]

Einen nicht unerheblichen Teil der Bevölkerung Alexandrias bildeten die Juden, sie bewohnten mehrheitlich zwei der fünf ausgedehnten Stadtteile. Schon nach der Besetzung ihrer palästinensischen Heimat durch die Babylonier im 6. Jh. v. Chr. hatten sich die ersten Landsleute hier angesiedelt. Im Laufe der Jahrhunderte waren ihnen so viele gefolgt, dass die Zahl der Mitglieder ihrer Diaspora-Gemeinde – man schätzt sie auf ca. 100.000 – weit größer war als die damalige Einwohnerzahl von Jerusalem. Inmitten der bunten Welt der Kulturen verstanden es die Juden, ihre eigene religiöse Identität zu wahren, zugleich aber nahmen sie regen Anteil am gesellschaftlichen Leben der Stadt. Sie öffneten sich den Segnungen der griechischen, orientalischen, ägyptischen und römischen Gelehrsamkeit und litten mit den Randgruppen und den unteren Schichten an der Ausbeutung und Unterdrückung durch die politischen Obrigkeiten. Obwohl sie ihre heiligen Schriften in der hebräischen Muttersprache lasen und besprachen, hatte ein Kreis von Gelehrten sie ins Griechische, die Umgangssprache der Alexandriner und der damaligen östlichen Welt, übertragen (die sogenannte SEPTUAGINTA-Übersetzung), nicht zuletzt mit der Absicht, anderen Menschen den Zugang auch zum Glaubensgut ihres Volkes zu ermöglichen.

Um das Jahr 30 v. Chr. nun entstand in den Reihen dieser alexandrinischen Diaspora-Juden eine Schrift, auf die ich hier näher eingehen möchte. Ich glaube, dass wir darin so etwas wie die *spirituelle Basis* für die mitmenschliche Ökumene zwischen Religiösen und Religionslosen finden können. Der unbekannt gebliebene Autor – manches spricht auch für eine Autorin oder ein Autorinnenkollektiv[49] – nannte das kleine Werk DIE WEISHEIT DES SALOMO. Es ist bis heute im Judentum wie im Christentum bekannt und geschätzt. Die Katholische Kirche zählt es sogar zu den Büchern der Bibel, es ist die jüngste Schrift im Ersten (Alten) Testament.

Das BUCH DER WEISHEIT, so der Titel in deutschen Übersetzungen, ist ebenfalls in Griechisch geschrieben. Doch griechisch ist nicht nur die Sprache – das Buch atmet auch griechischen Geist, ja den Geist der vielen Denkwelten und Kulturtraditionen, die in Alexandria zusammenkamen. Die Leser hatten nicht nur eine für alle verständliche Sprache, eine Art antikes Englisch, vor sich. Sie fanden darin, wenigstens in den ersten neun Kapiteln, auch Gedanken wieder, die damals vielen Menschen nachvollziehbar waren. Was hier ausgedrückt war in Worten und Bildern, das war Juden wie Griechen, Römern wie Ägyptern, Syrern wie

Äthiopiern aus der eigenen Tradition vertraut. Der jüdische Verfasser sprach eine *Erfahrung* an, die alle Menschen kannten. In der fiktiven Gestalt des Salomo, des einstigen Königs von Jerusalem (10. Jh. v. Chr.), der im gesamten östlichen Mittelmeerraum als ein großer, legendärer Weiser galt, wendet sich der Autor an „die Könige der Erde".[50] Doch die Leser und Hörer verstanden schnell, dass alle Menschen mit dem Anliegen des Buches gemeint waren, die Regierenden wie die Untergebenen, die Einfachen wie die Gelehrten.

Je mehr ich mich im Laufe der letzten Jahre in diese Schrift hineinvertiefte[51], desto mehr ist mir klar geworden, dass darin *der „Königsweg" im Miteinander der Kulturen, Religionen und Weltanschauungen* beschrieben ist. So manches, was der alexandrinische Jude da sagt – nennen wir ihn also fortan Salomo –, mag zeitbedingt sein, nicht alles ist eins zu eins übernehmbar. Doch das Grundanliegen hat an Aktualität nichts verloren. Was Salomo als die verbindende Basis für das Zusammenleben von Menschen unterschiedlichster *religiöser* Auffassungen ansah, kann heute, nach der „kritischen Wende" in der Geschichte der Menschheit, das *Verbindende und Finende auch zwischen Religiösen und Religionslosen* sein.

Es geht um die *Weisheit* in Salomos Buch. Die Griechen nannten sie *sophia*, die Lateiner *sapientia*, die Ägypter *ma'at* und die Juden *chokmah*. Ein bedeutsames, aus unvordenklicher Tradition geschöpftes Wort. Es gibt wohl keine Sprache rund um den Erdball, die nicht eigens eine Vokabel dafür hätte. In den Überlieferungen aller Religionen, der Stammesreligionen ebenso wie der großen Weltreligionen, ist von der Weisheit die Rede. Auch die großen Denker der griechischen Antike nannten sich Weisheit-Liebende – *Philo-Sophen*; sie gaben damit unserer abendländischen Kulturgeschichte eine Richtung vor, die zwar oft genug missachtet wurde, aber immer wieder von neuem erwachen konnte. Angeregt durch die Spätschriften des deutschen Philosophen Friedrich W. J. Schelling (1775-1854), entwickelten im 19. Jahrhundert russische Gelehrte um Wladimir Solowjew (1853-1900) sogar eine eigene *Sophiologie*[52], die im gegenwärtigen „Dilemma der Philosophie"[53] verstärkt auf Interesse stößt.[54] Schon ein flüchtiger Blick auf die Auslagen in den Buchhandlungen vermittelt einen Eindruck davon, wie attraktiv dieses Wort auch heute ist. Der Internetshop libri.de bietet derzeit über 300 Bücher aus deutschen Verlagen an, die das Wort „Weisheit" im Titel oder Untertitel haben – und das sind durchaus nicht nur Veröffentlichungen religiöser Autoren, wie beispielsweise DIE WEISHEIT DER MITTE des Grünen-Politikers und deutschen Außenministers Joschka Fischer zeigt[55], der sich selbst einen „katholischen Atheisten" nennt.

„Weisheit" ist in den Traditionen der Völker und Kulturen ein großes, mit Ehrfurcht ausgesprochenes, ja geradezu „hoheitlich" empfundenes Wort. Mag seine Bedeutung auch von Kulturkreis zu Kulturkreis etwas variieren, so meint es doch übereinstimmend nicht, wie im oberflächlichen Sprachgebrauch unserer Zeit, die Intelligenz eines Menschen, nicht seine Verstandesschärfe und nicht sein Wissen. Weisheit hat eher mit dem zu tun, was wir *Wahrheit* nennen – Wahrheit im Sinne von faktisch gegebener Realität, aber auch im Sinne eines „wahren Gedankens", eines „erhellendes Wortes", einer Erkenntnis über Wichtiges und Wesentliches. Und das Mittel, um weise zu werden, ist weniger die intellektuelle Begabung als vielmehr die *Wahr-Nehmung*, das bewusste und vorbehaltlose Aufnehmen dessen, was wahr ist.

Ein *Weiser* ist nicht, wer sich viel Wissen angeeignet hat, sondern wer sich den Wahrheiten stellen konnte, die das Leben an ihn herangetragen hat. Sein Gegenstück ist nicht der Unwissende oder Ungebildete, sondern, wie Salomo sagt, der *Tor* und der *Frevler*[56]: ein Mensch also, der die Wahrheit nicht beachtet, oder einer, der sie – für sich selbst und für andere – verdreht. Es kann einer hochgelehrt und doch ein Tor sein, ja ein Frevler sogar; und es kann einer zu den Ungebildeten gehören und doch ein Weiser sein. Nicht einmal ein hohes Lebensalter ist Garant der Weisheit; es gibt weise Jugendliche und törichte Greise.

Was Salomo „Weisheit" nennt, ist nicht Ergebnis des eigenen Denkens, Studierens und Schlussfolgerns. Die Sophia ist zunächst unabhängig von mir da. Salomo bezeichnet mit diesem Wort das, was mir als Wahrheit *begegnet*, was als Wahrheit *vor mir steht*. Weisheit kann nicht erdacht werden, Weisheit wird *erfahren*. Sie will *empfangen* werden. Und diese *Erfahrung von Weisheit* kennt jeder Mensch, jeder im religionspluralistischen Alexandria, jeder im heutigen multikulturellen Weltdorf Erde, jeder in unserem Land und jeder Religiöse, jeder Religionslose, jeder Atheist und jeder „Normale" zwischen Rügen und Thüringen und zwischen dem 1. und dem 360. Breitengrad der Erde.

Da sagt mir zum Beispiel jemand, wie er dies und dies beurteilt. Ich höre ihm zu, und ich spüre: Es ist wahr, was er sagt – darüber müsste ich einmal nachdenken. Wahrheit steht vor mir. Wahrheit, die mich betrifft.

Oder: Ich lese morgens einen Spruch auf dem Kalenderblatt, und ich weiß sofort: Das ist wie eigens für mich hingeschrieben – eigentlich müsste ich jetzt darüber nachdenken. Wieder steht Wahrheit vor mir. Wahrheit, die mir etwas sagen will.

Ich sitze in der Bahn, schaue sinnierend zum Fenster hinaus, und plötzlich steigt ein Gedanke in mir auf. Ich weiß: Das müsste ich einmal an mich heranlassen, nicht wieder zur Seite schieben und verdrängen.

Ich habe vor, so und so zu handeln. Doch eine innere Stimme sagt mir: Das solltest du nicht tun. Ich spüre: Die Stimme hat Recht – ich müsste ihr folgen.

Oder: Die Situation, in der ich mich befinde, ist wie sie ist. Aber ich will sie nicht wahrhaben. Doch was wahr ist, ist wahr, Realität bleibt Realität – ich müsste mich ihr stellen.

Ich trage mich, vielleicht lange schon, mit einem Problem. Da kommt mir plötzlich der rettende Gedanke! Wie eine Erleuchtung. „Das ist es!" Ein Licht geht mir auf. Endlich die erlösende Erkenntnis! Ich sehe meine Lebenssituation klar vor mir – und kann nun auch Wege finden, um sie zu bewältigen.

Ich lese ein Buch – ein Sachbuch vielleicht oder einen Kriminalroman, vielleicht auch die Bibel, den Koran oder die Bagavadgita, wie Reiner Kunze ein Werk von Albert Camus oder wie die jüdische Atheistin Edith Stein die Lebensbiographie der spanischen Klosterfrau Teresa von Ávila. Was ich lese, ist mehr oder weniger interessant bis Seite 56 – und dann, auf Seite 57 unten, stehen da plötzlich zwei Sätze, die mich treffen. „Das ist die Wahrheit!"

Ich bekomme eine CD geschenkt. Nur mal hineinhören will ich, so nebenbei abends am Schreibtisch. Doch schon bald horche ich auf. Die Musik nimmt mich gefangen, weckt ein tiefes Empfinden, ein Ahnen von Großem, Wesentlichem – ich kann nicht benennen, was es ist, aber diese Melodie hat Recht, mehr Recht als alle dunklen Gedanken und all die lauten Töne, die vom langen Tag noch in mir sind.

Wir diskutieren miteinander und haben sehr unterschiedliche Auffassungen. Ich kann die Überzeugung des anderen nicht teilen. Da äußert er einen Gesichtspunkt, der Bewegung in meine eingefahrenen Gedankengleise bringt. Ich müsste zustimmen – später wenigstens, wenn ich nicht in seiner Gegenwart über meinen Schatten springen muss ...

Jeder Mensch kennt das. Unzählige Male, Tag für Tag und Stunde um Stunde tritt so und auf ähnliche Art Wahrheit vor mich hin. Wahrheit, die mich angeht. Angenehme Wahrheit, erhellende, befreiende sogar – und unangenehme, kritische, überführende, herausfordernde Wahrheit. Ich kann ihr zuhören, über sie nachsinnen, mich mit ihr auseinandersetzen, sie annehmen, sie beherzigen – ich kann sie auch übergehen, absichtlich überhören, ihr widersprechen, sie sogar umbiegen und verdrehen ... Und die Lebenserfahrung lehrt: Lasse ich eine Wahrheit, woher immer sie kommt, an mich heran, so führt sie mich ein Stück weiter. Sie bringt Licht ins Dunkel, bricht Urteile und Vorurteile auf, gibt den Weg wieder frei. Sie fordert heraus, sie fördert das Leben ...

Salomo nennt solche Wahrheit „Weisheit". Er erfährt sie als eine *Gabe* und empfindet sie – auch dann, wenn sie sein bisheriges Denken und Handeln in Frage stellt – als das Wertvollste, das ihm das Leben anzubieten hat: „Keinen Edelstein stellte ich ihr gleich", bekennt er in seinem Buch, „denn alles Gold erscheint neben ihr wie ein wenig Sand, und Silber gilt ihr gegenüber soviel wie Lehm. Ich liebte sie mehr als Gesundheit und Schönheit und zog ihren Besitz dem Lichte vor; denn niemals erlischt der Glanz, der von ihr ausstrahlt."[57] Er habe, sagt er, die Erfahrung gemacht, dass Weisheit, lässt man sie reden und hört man ihr zu, wie eine „Lehrmeisterin"[58] sei; sie lehre ihn, das Echte vom Schein zu unterscheiden, sich auf das Wesentliche hinzuorientieren, dem Mitmenschen gerecht zu werden und im Einklang mit sich und der Welt zu leben. „Mit der Weisheit kam alles Gute zu mir", schreibt er weiter, „unzählbare Reichtümer waren in ihren Händen; ich freute mich über sie alle, weil die Weisheit lehrt, sie richtig zu gebrauchen."[59]

Für Salomo ist diese Erfahrung so kostbar geworden, dass sie ihn zu einer Lebensentscheidung veranlasste: „So beschloss ich", erzählt er, „die Weisheit als Lebensgefährtin heimzuführen; denn ich wusste, dass sie mir guten Rat gibt und Trost in Sorge und Leid."[60] Das Bild von der Heimführung als Lebensgefährtin hat sich ihm nahegelegt, weil er schon von seiner jüdischen Glaubenstradition her gewohnt war, die Weisheit als eine „Person" zu denken. Nicht als eine wirkliche Person freilich, wie es den Vorstellungen anderer Völker entsprach, etwa der Religion der Ägypter, die in der Ma'at die Göttin der Weisheit verehrten; nach jüdischem – und später auch christlichem – Glauben ist der eine Gott selbst der „Weise", ja *die* Weisheit" schlechthin. Aber bildhaft hatten bereits einige frühere Schriften aus Salomos Volk von der *Frau Weisheit* gesprochen.[61] Gott schickt sie aus in die Welt hinein, so heißt es da, zu *allen* Menschen[62], damit sie ihnen *Schwester* und *Freundin* sei[63] und sie vor der „Frau Torheit"[64] bewahre, die nur „nach Verführung fiebert"[65] und das Leben zerstört.

Die „ganze Welt"[66] will Salomo nun auf seine Entdeckung aufmerksam machen, seine jüdischen Glaubensbrüder wie ebenso alle anderen Bewohner der Stadt: „... ihren Reichtum behalte ich nicht für mich. Ein unerschöpflicher Schatz ist sie für die Menschen."[67] Und so setzt er sich hin und verfasst sein Buch. Kernsätze darin sind die folgenden Zeilen. Was ich soeben nur recht prosaisch mit ein paar Beispielen zu beschreiben versucht habe (s. S. 53/54), hat er in eine wunderschöne, bildreich-poetische Sprache gefasst:

Strahlend und unvergänglich ist die Weisheit;
wer sie liebt, erblickt sie schnell,
und wer sie sucht, findet sie.
Denen, die nach ihr verlangen,
gibt sie sich sogleich zu erkennen.
Wer sie am frühen Morgen sucht,
braucht keine Mühe,
er findet sie vor seiner Türe sitzen.
Über sie nachzusinnen, ist vollkommene Klugheit;
wer ihretwegen wacht, wird schnell von Sorge frei.
Sie geht selbst umher,
um die zu suchen, die ihrer würdig sind;
freundlich erscheint sie ihnen auf allen Wegen
und kommt jenen entgegen, die an sie denken.[68]

Vor der Tür wartet Weisheit. Früh am Morgen
schon, wenn noch im Halbschlaf die ersten Gedanken erwachen, und auf allen Wegen im Ablauf des
Tages. Ja sogar des Nachts, in unseren Träumen,
kann sie zu uns sprechen. Damals in Alexandria,
heute in Birkenwerder, in Hamburg und München,
in Zittau und Wismar. „Ihrer würdig" sind alle
Menschen, ohne Unterschied. Alle, die „an sie denken", die Religiösen und die Religionslosen.

Wir kommen in unserer religions- und weltanschauungs-pluralistischen Welt nicht mehr um-
hin, nach dem zu suchen, was uns gemeinsam ist.
Und nach dem, was Gemeinsamkeit aufbaut. Ich
glaube, dass dieses Gemeinsame und Einende –
neben dem Faktum, dass wir Menschen sind – die
Fähigkeit zur Weisheitserfahrung ist.

Frau Weisheit kennt Parteilichkeit nicht. „Macht-
voll entfaltet sie ihre Kraft", schreibt Salomo, „von

einem Ende (der Erde) zum andern und durchwaltet voll Güte das All."[69] Mögen die einen sie von ihrem Glauben her mit dem Wirken Gottes in Verbindung bringen; mögen andere sie „rein natürlich" erklären, etwa mit dem sozialen Verflochtensein des menschlichen Erkennens (das eine muss das andere nicht ausschließen!); und mögen wieder andere sie auf einen geheimnisvollen kosmischen Weltgeist zurückführen, an dem wir alle teilhaben, oder auf das „kollektive Unbewusste", aus dem ein jeder in den verborgenen Tiefen der Seele wie aus einem ererbten Erfahrungsschatz der Menschheitsgeschichte schöpfen kann: Gemeinsam ist uns allen die Fähigkeit, Weisheit – *Wahrheit, die mich angeht* – wahrzunehmen. Und gemeinsam ist uns ebenso, dass wir sie annehmen oder ablehnen können.

„Frau Weisheit hat ihr Haus gebaut", heißt es im SPRICHWÖRTERBUCH der Bibel, aus dem Salomo so manchen Gedanken für sein Werk schöpfte. Der um mehrere Jahrhunderte ältere Text aus seinem Heimatland Israel fügt an dieser Stelle hinzu: „... und die Torheit reißt es nieder mit eigenen Händen."[70] – *Weisheit und Torheit*: In dieser Spannung stehen wir bis heute. Fast wäre ich geneigt, zu sagen: Frau Weisheit hat ihre Freunde, rund um den Erdball, und Frau Torheit hat die ihren. Doch wenn ich mich frage, auf welche Seite ich selbst gehöre, dann weiß ich um den Frevel eines solchen Urteils. Durch *mich* geht die Scheidelinie hindurch, in mir selbst ist die Spannung zwischen der Kraft der Weisheit und dem Unheil der Torheit. Es gibt die Stunden, in denen die Weisheit das Haus meines Lebens baut, und es gibt die Stunden, in denen ich – zugeknöpft, festgelegt, ängstlich, gestresst und gehörlos – in Torheit niederreiße, was „Frau Weisheit" gewirkt und gestaltet hat.

Um das oikos Erde, das Wohnhaus aller Erdenbewohner zu erhalten, brauchen wir mehr als eine ökologische Ökonomie. Um ein menschenwürdiges Miteinander im Haus Europa, inmitten des Weltdorfes Erde zu leben, brauchen wir mehr als eine Ökumene. Wir brauchen, wie der Naturwissenschaftler, Philosoph und Theologe Raimon Panikkar (geb. 1918), der Sohn eines hinduistischen Vaters und einer katholischen Mutter, sagt, eine *Ökosophie*[71] – wir brauchen die Weisheit im Haus.

Nur in den Stunden, in denen die Sophia das Haus meines Lebens baut, werde ich mitbauen am Haus der Erde.

Ich lächle im Dunkeln dem Leben,
wie wenn ich irgendein zauberhaftes
Geheimnis wüßte, das alles Böse und
Traurige Lügen straft und in lauter
Helligkeit und Glück wandelt. ... Und
selbst im Knirschen des feuchten
Sandes unter den langsamen schweren
Schritten der Schildwache singt ein
kleines schönes Lied vom Leben – wenn
man nur richtig zu hören weiß.

Rosa Luxemburg

5. Ein Lied in allen Dingen

HÖREN AUF WEISHEIT IST DIE GRUND-SPIRITUALITÄT DES MENSCHENGESCHLECHTS

„Schläft ein Lied in allen Dingen", dichtete einst Joseph Freiherr von Eichendorff (1788-1857). In allem ist ein „Lied" verborgen, will er uns sagen; aus allem, was uns begegnet, kann Weisheit zu uns sprechen. Das ist mir einmal, vor mehr als dreißig Jahren, ganz bildhaft bewusst geworden: In einer Gruppe von Studenten wanderten wir durch das polnische Riesengebirge und machten irgendwo am Kammweg Rast. Wir saßen unter einer alten Kiefer und blickten still in das Tal hinunter, aus dem wir gekommen waren. Plötzlich war über uns aus der Baumkrone ein leises Knarren zu vernehmen – es klang so schön und so melodisch, dass sich spontan alle Blicke nach oben wandten. Und in die Stille hinein hörte ich neben mir eine Studentin diesen Vers von Eichendorff rezitieren: „Es schläft ein Lied in allen Dingen ..."

Das Lied der Weisheit erklingt, wie schon Salomo erkannt und für die bunte Welt der Religionen und Kulturen Alexandrias wiederentdeckt hatte, tatsächlich in allen Dingen: in Worten und Ereignissen, im Sonnenaufgang und in einem einzigen Regentropfen, im Gesang der Vögel und im Hintergrundrauschen des Universums, in den Dichtungen der Völker und im kritischen Einspruch des Arbeitskollegen, in den Erkenntnissen der Wissenschaften und in den Realitäten, die so sind, wie sie sind, und nicht zuletzt in der Weltanschauung des Andersdenkenden oder im Glauben des Anders-Religiösen.

In allem, was ist, und in allem, was geschieht, stellt die Weisheit Wahrheit vor uns hin, Wahrheit, die immer schon da ist, *vor* unseren Anschauungen und *vor* unseren Urteilen, *vor* jeder Überzeugung und *vor* jeder Lehre – vor jeder *Religion* und vor jeder *Weltanschauung.* Jeder hat die Begabung, ihr „Lied" zu hören, unabhängig von seiner Bildung und seiner Intelligenz, unabhängig von seiner weltanschaulichen, religiösen und politischen Ausrichtung. Die Weisheit sitzt vor jeder Tür, und jeder kann ihr öffnen. Sie eint uns über alle Unterschiede, ja selbst über alle Zeiten hinweg.

Kultur- und Religionshistoriker sagen heute, die Weisheitserfahrung sei die „Urszene (original scene)"[72] in der Entwicklungsgeschichte unserer Gattung auf den Typus des Jetztmenschen hin.[73] Dass eine aufrecht gehende Hominidenart vor 500.000 Jahren zum homo sapiens, zum „weisen Menschen" werden konnte, verdanke sie der Bereitschaft, sich auf die Wahrheit der veränderten Realitäten – Steppe statt Urwald – eingelassen zu haben; und dass fast 400.000 Jahre später der homo sapiens zum homo sapiens sapiens, zum „weisen Weisheitsmenschen" wurde, sei dem Hören auf die *sapientia* zu verdanken, auf die Weisheit hinter und in allen Realitäten. Das Hören auf Wahrheit ist demnach, so der Theologe Georg Baudler (geb. 1936), ein kundiger Experte, das „Grundmuster von Religion, Kultur und Gesellschaft"; und er fügt hinzu: „das bis heute gültige".[74] Der Weisheits-Wahr-Nehmung verdankt sich jede Religion und jede Kultur, sie hat den Hominiden zum Menschen und die Horde zur Gesell-Schaft gemacht. Sie ist auch heute die Quelle – die einzige Quelle –, aus der die Religionen ihre Glaubwürdigkeit und die Weltanschauungen ihre Redlichkeit zu erneuern vermögen. Die Weisheit ist immer schon die lebensfördernde Begleiterin der Menschheit gewesen, sie allein wird uns im gemeinsamen Haus des Lebens ökumenische Zukunft geben.

Die Wurzeln unserer europäischen Kultur liegen nicht in der Geschichte des christlichen Abendlandes. Dort finden wir den Teilabschnitt eines Baumstammes. Dort können wir lediglich einige bis heute grünende und Früchte tragende Zweige ausmachen – neben vielem abgestorbenem, knorrigem Geäst und mancher giftigen Frucht. Die Wurzeln des Baumes, an dem auch wir heute ein

Teilabschnitt sind, haben wir in der Weisheitserfahrung zu suchen, die weit in die Tiefen der
Menschheitsgeschichte zurückreicht. Das sollten
wir beachten – auch, wenn es um die „Leitkultur"
in einem vereinten Europa geht.

Hören auf Weisheit – das ist so etwas wie eine
„Fundamentalreligion" in allen Religionen, ja eine
Art *Grundspiritualität des Menschengeschlechts.*

Rund um den Erdball leben inzwischen Millionen von Menschen, die, aus welchen Gründen auch
immer, für Religion keine „Antenne" (mehr) haben. Man hat sie, durchaus nicht abwertend, die
„religiös Unmusikalischen" genannt.[75] Das mag eine gewisse Berechtigung haben. Wenn es aber um
die *Weisheit* geht, dann gibt es die „Unmusikalischen" nicht – nur die Gehetzten und Gestressten,
die das leise „Lied in allen Dingen" nicht hören
können, und die Lauten und die Dauerredner, die
es übertönen. Doch die finden sich in allen Fraktionen.

In der Tradition zum Beispiel, aus der wir Christen stammen, gilt das Hören auf den „Geist der
Wahrheit"[76] als die Grundaktivität des religiösen
Lebens schlechthin. Gefragt, „welches Gebot das
erste von allen" sei, antwortete Jesus von Nazaret
mit dem Haupttext der alttestamentlichen Bibel,
der, noch bevor vom Bekenntnis an den „einzigen
Gott" die Rede ist, mit der Aufforderung beginnt:
„Höre, Israel!"[77] Aber gerade wir Christen haben
das Hören weithin verlernt. Religiosität besteht für
uns vor allem darin, dass *wir* reden – in Form von
Gebeten obendrein, die meistens nur „Gebitte"
sind. Wir bekennen uns zu Glaubenssätzen, ohne

genügend in sie hineinzuhorchen, zu Worten, die aufgrund ihrer zeitgebundenen und definierend-abgrenzenden Sprache mehr Weisheit verhüllen als offenlegen – und die schon naturgemäß nie mehr sein können als ein „armseliges Gestammel", wie Joseph Ratzinger sogar von den Formulierungen des christlichen CREDO sagt.[78] Damit aber reden wir die „Weisheit von oben"[79], von der die biblischen Texte sprechen, regelrecht zu! Wir Prediger und Theologen müssen uns dann nicht wundern, wenn unsere Kirchen immer leerer werden und unsere Glaubensverkündigung selbst unter den Gutwilligen als nichtssagend empfunden wird; nur wer selbst von der Weisheit berührt ist, wird andere berühren können.

Nicht anders ist es unter atheistisch orientierten Menschen. Nicht nur Glaubensworte lassen sich unverstanden nachplappern, den Ideen der Aufklärung geht es nicht anders; „Aufkläricht" hat Ernst Bloch (1885-1977) das Ergebnis genannt. Vorurteile und „dogmatische" Positionen sind auch hier auf den Mangel an Hör-Bereitschaft und auf den damit zwangsläufig verbundenen Wahrheits- und Realitätsverlust zurückzuführen. Michail Gorbatschow quittierte dies dem Politbüro der SED, wohl noch im Sinne einer Mahnung in letzter Stunde, mit den berühmt gewordenen Worten: „Wer zu spät kommt, den bestraft das Leben."

Doch es gab und es gibt die Wahrheitsliebenden und die für die Weisheit Empfänglichen auch unter marxistischen Atheisten. Rosa Luxemburg (1871-1919) zum Beispiel, uns ehemaligen DDR-Bürgern als freiheitlich denkende Sozialistin bekannt, schrieb ihrer Freundin Sophie Liebknecht im Dezember des Kriegsjahres 1917, als sie in Breslau im Gefängnis saß:

So liege ich ... hier in der dunklen Zelle auf einer steinharten Matratze, um mich im Hause herrscht die übliche Kirchhofstille, man kommt sich vor wie im Grabe, vom Fenster her zeichnet sich auf der Decke der Reflex der Laterne, die vor dem Gefängnis die ganze Nacht brennt. Von Zeit zu Zeit hört man nur ganz dumpf das ferne Rattern eines vorbeifahrenden Eisenbahnzuges oder ganz in der Nähe unter den Fenstern das Räuspern der Schildwache. ... Und ich lächle im Dunkeln dem Leben, wie wenn ich irgendein zauberhaftes Geheimnis wüßte, das alles Böse und Traurige Lügen straft und in lauter Helligkeit und Glück wandelt. Und dabei suche ich selbst nach einem Grund zu dieser Freude, finde nichts und muß wieder lächeln über mich selbst. Ich glaube, das Geheimnis ist das Leben selbst, die tiefe nächtliche Finsternis ist so schön und weich wie Sammet, wenn man nur richtig schaut. Und selbst im Knirschen des feuchten Sandes unter den langsamen schweren Schritten der Schildwache singt ein kleines schönes Lied vom Leben – wenn man nur richtig zu hören weiß.[80]

Rosa Luxemburgs BRIEFE AUS DEM GEFÄNGNIS galten als Geheimtipp in den Jahren der DDR, auch unter Christen. Ihr Büchlein wurde als „Bückware" (unterm Ladentisch) gehandelt. Das Exemplar, das ich während meiner Studienzeit erwerben konnte, hüte ich bis heute als besonderen Schatz. Über dreißig Randnotizen in dem kleinen Bändchen erinnern mich daran, wie sehr ich mich dieser Frau als „seelenverwandt" empfunden habe. In ihren Briefen war mir ein Mensch begegnet, der – trotz aller Unterschiede in der weltanschaulichen und politischen Überzeugung – aus einer Quelle lebte, die auch ich kannte. Da war es wieder, das „Lied in allen Dingen": das „kleine schöne Lied vom Leben" (s. S.71). Und diesmal in den Schriften einer Frau, die nicht durch eine Religion motiviert worden war, es zu hören. Wie Joseph von Eichendorff die „Wünschelrute" – so der Titel seines Vierzeilers (s. u.) – für sein Leben gefunden hatte, so hatte Rosa Luxemburg den „Zauberschlüssel" entdeckt, der „vor allem Kleinen, Trivialen und Beängstigenden schützt"[81]: die Erkenntnis, dass aus allem Wahrheit spricht, aus dem Zwitschern der Kohlmeisen auf dem Gefängnishof, aus den Werken der Weltliteratur und den Sachbüchern über Geschichte und Naturwissenschaft, die sie sich in die Haftanstalt schicken ließ, aus den Briefen, die ihr Freunde und Parteigenossen geschrieben hatten, und selbst aus dem Stiefelknirschen der Wachmannschaft ... – „wenn man", wie sie schreibt, „nur richtig schaut, ... wenn man nur richtig zu hören weiß" (s. o.). Was ich da las, war Seite für Seite so wohltuend anders als so mancher lebensferne Dogmatismus auch in Büchern christlicher Autoren. Selbst in den folgenden Zeilen, die Rosa Luxemburg an die Freundin schrieb, empfand ich mich der atheistischen Sozialistin verwandt: „... innerlich fühle ich mich in so einem Stückchen Garten wie hier oder im Feld unter Hummeln und

Gras viel mehr in meiner Heimat als – auf einem Parteitag ..., mein innerstes Ich gehört mehr meinen Kohlmeisen als den ‚Genossen'. Und nicht etwa, weil ich in der Natur, wie so viele innerlich bankerotte Politiker, ein Refugium, ein Ausruhen finde ..."[82] Ich habe mir damals, als 21-jähriger Theologiestudent, an den Rand geschrieben: „Geht mir ähnlich!"

Auffassungen wie „Die Partei, die hat immer recht" und „Die Kirche ist allein seligmachend" haben auf der menschlichen und psychologischen Ebene wohl dieselben Wurzeln. Der „Tor" aus Salomos Buch ist weder der Jude noch der Heide und heute weder der Religionslose noch der Religiöse, sondern der Mensch, der sich der Stimme der Weisheit verschließt. Und der „Frevler" ist der, der die Wahrheit verdreht, um Argumente für den Fortbestand des eigenen Urteils zu haben, nicht selten auch für den Fortbestand seiner kleinen Macht.

Uns Menschen eint, dass uns das Ohr gegeben ist, das Lied der Weisheit zu hören. Ich denke, wir sollten uns auf dieses „Grundkapital" besinnen. Wir besitzen es, wir müssen es uns nicht einmal erst schaffen. Nur gepflegt und als „arbeitendes" Kapital eingesetzt muss es werden. Auch damit haben gerade wir im Osten Deutschlands über mehr als ein halbes Jahrhundert hin gute Erfahrungen sammeln können. Vielleicht haben wir uns diesen kostbaren Erfahrungsschatz nur noch nicht genügend bewusst gemacht. Wir kennen freilich auch das Gegenteil: Wo das Ohr verschlossen ist, eint uns nur noch die nackte Existenz – das aber heißt

Rückfall in den gnadenlosen Kampf ums Dasein, Horde gegen Horde und einer gegen den anderen, auch mit den Mitteln der Religion und des Atheismus.

Ein junger Landsmann aus dem 18. Jahrhundert – er verbrachte seine kurze Lebenszeit in Jena, Leipzig, Wittenberg, Freiberg und Weißenfels –, der unter seinem Dichternamen bekannte Novalis (1772-1801), hinterließ uns ein hoffnungsvolles, noch immer motivierendes Vermächtnis:

> Wenn nicht mehr Zahlen und Figuren
> Sind Schlüssel aller Kreaturen,
> Wenn die so singen oder küssen
> Mehr als die Tiefgelehrten wissen,
> Und man in Märchen und Gedichten
> Erkennt die wahren Weltgeschichten,
> Dann fliegt von einem geheimen Wort
> Das ganze verkehrte Wesen fort.[83]

Damit das „verkehrte Wesen" von unserem Erdball verschwindet, bemühen wir uns heute um den *Dialog der Kulturen* – ein notwendiges Gespräch bis in die pluralistische Familie hinein. Dabei geht es nicht nur um die Deutung des Daseins mit oder ohne Gott. Wir suchen zugleich nach Gemeinsamkeit in dem, was wir für recht und für unrecht, für menschlich und unmenschlich halten, nach einer *Ethik*, die uns alle verbindet. „Keine neue Weltordnung ohne ein Weltethos", heißt es in einer Erklärung des PARLAMENTS DER WELTRELIGIONEN von 1993.[84] Die Autoren sind überzeugt: „Unsere oft schon jahrtausendealten religiösen und ethischen Traditionen enthalten genügend Elemente eines Ethos, die für alle Menschen guten Willens, religiöse und nicht religiöse, einsichtig und lebbar sind."[85] Lange vor dem Tübinger Theologen Hans Küng (geb. 1928), der dieser Erklärung den Weg bereitet hat, brachte schon der als Urwaldarzt von Lambarene bekannt gewordene Theologe und Kulturphilosoph Albert Schweitzer (1875-1965), zum ersten Mal im Jahre 1912, die Gewissheit zum Ausdruck, dass jeder Mensch, auch „der überzeugteste Materialist", jenen „Grundton aller Kultur" in sich vernehmen kann[86], der uns sagt: „Gut ist: Leben erhalten und fördern, schlecht ist: Leben hemmen und zerstören."[87] – Rosa Luxemburg hätte solchen Überzeugungen wohl nur zustimmen können, schrieb sie doch ihrer Freundin:

Sie fragen, ‚wie man gut wird', wie man die ‚subalternen Teufel' in seinem Innern zum Schweigen bringt? Sonitschka, ich weiß dagegen kein anderes Mittel, als eben jene Verknüpfung mit der Heiterkeit und Schönheit des Lebens, die stets und überall um uns sind, wenn man nur versteht, Augen und Ohren zu gebrauchen.[88] (...) Jetzt eben – ich habe eine kleine Pause gemacht, um den Himmel zu beobachten – ist die Sonne schon viel tiefer hinter dem Gebäude versunken und hoch oben schweben – weiß Gott woher – lautlos zusammenlaufende Myriaden kleiner Wölkchen, die am Rande silbrig leuchten, in der Mitte zart grau sind und alle ihre zerfetzten Umrisse nach dem Norden steuern. Es liegt so viel Unbekümmertheit und kühles Lächeln in diesem Wolkenflug, daß ich mitlächeln muß, wie ich immer den

Rhythmus des umgebenden Lebens mitmachen muß. Wie könnte man bei solchem Himmel ,bös' oder kleinlich sein? Vergessen Sie bloß nie, um sich zu blicken, dann werden Sie immer wieder 'gut' sein.[89]

Erfolg bringend werden alle diese notwendigen Gespräche, ob in weltanschaulichen oder ethischen Fragen, ob am Stammtisch oder auf Weltkonferenzen, nur in dem Maße sein, wie wir nicht nur gegensätzliche Standpunkte miteinander diskutieren, sondern bereit sind, auf die – vielleicht doch noch tiefer liegende – Wahrheit zu hören. Zwei Ohren sind dem Menschen gegeben, damit das eine dem Gesprächspartner, das andere dem „kleinen Lied vom Leben" zugewandt sein kann. *Der Dialog der Gesprächspartner muss zum Trialog mit der gemeinsamen Partnerin „Frau Weisheit" werden.*

Um im Dialog der Kulturen zu einer „Kultur des Dialogs" zu finden, wie sie gegenwärtig Johannes Rau zu Recht von den Parteien, Gewerkschaften und Religionsgemeinschaften beharrlich einfordert[90], brauchen wir – das ist mir im Laufe der Jahre klar geworden – mehr als eine ethische Theorie, die nach dem kleinsten gemeinsamen Nenner in den unterschiedlichen Werte-Vorstellungen sucht, mehr also als ein gemeinsames Weltethos. Wir brauchen eine *gemeinsame Spiritualität.* Eben jene Grundspiritualität des Menschengeschlechts, die in den Völkern der Erde, wenn auch unvollkommen und wenn auch nicht von jedem Menschen, seit Jahrtausenden schon als *Hören auf Weisheit* gelebt wird.

Unter „Spiritualität" (lat.: spiritus = Geist) verstehen wir heute die *Geisteshaltung,* aus der heraus ein Mensch handelt, den „Geist", von dem er sich in seinem Tun und Denken leiten lässt. Auch die daraus entspringende Lebensweise nennen wir Spiritualität. Je nach Art und Herkunft dieses Geistes sprechen wir von einer fernöstlichen, einer esoterischen, einer islamischen, jüdischen oder christlichen, einer benediktinischen, karmelitanischen oder franziskanischen Spiritualität. Und wenngleich das bisher noch kaum üblich ist, darf durchaus auch von einer atheistisch-humanistischen Spiritualität die Rede sein. Er habe nie an Gott geglaubt, schreibt der in Paris lebende deutsche Politikwissenschaftler Alfred Grosser (geb. 1925), aber er definiere sich „als *,athée spiritualiste',* als Atheist, der ... auf eine geistige Verbindung mit anderen bedacht ist", als einen „nichtmaterialistischen Atheisten".[91] Allen diesen verschiedenen Spiritualitäten liegt im Letzten jene Haltung zugrunde, die sich in den alten Menschheitstraditionen mit dem Wort „Weisheit" verbindet. Von welcher „Geistigkeit" geprägt auch immer: In jedem Fall ist der spirituelle Mensch ein bewusst lebender, wacher, an der Wahrheit orientierter, aus dem Hören auf Weisheit heraus denkender und handelnder Mensch. Sein Markenzeichen ist die „Wünschelrute", die einfühlsame Sensibilität, die ihn lehrt:

> Schläft ein Lied in allen Dingen,
> die da träumen fort und fort,
> und die Welt hebt an zu singen,
> triffst du nur das Zauberwort.[92]

Hören auf das „kleine schöne Lied vom Leben" –
das ist eine Spiritualität, eine Lebensform, eine bestimmte Art und Weise, mit sich selbst, mit den
Herausforderungen des Alltags, mit der Welt um
uns herum, mit dem Gleichgesinnten und mit dem
Andersdenkenden umzugehen. Die allein menschenwürdige.

„An euch, ihr Könige, richten sich meine Worte,
damit ihr Weisheit lernt"[93], schrieb Salomo vor
mehr als zweitausend Jahren. „Wenn ich Sie doch
zu dieser Lebensauffassung bringen könnte!"[94],
schreibt Rosa Luxemburg ihrer Freundin.

Ich bin dazu geboren und dazu in
die Welt gekommen, dass ich für
die Wahrheit Zeugnis ablege.
Jeder, der aus der Wahrheit ist,
hört auf meine Stimme.

Jesus von Nazaret

6. Pilatus und der Elefant

WAHRHEIT IST, WAS LEBEN LÄSST

„Was ist Wahrheit?" – abschätzig klangen diese
Worte im Mund des römischen Prokurators in Israel. Wahrheit, was ist schon Wahrheit!? Vor ihm stand
ein Jude aus Galiläa, angeklagt wegen vermeintli-
cher Gotteslästerung. Die höchste jüdische Behörde
forderte die Verhängung der Todesstrafe. „Was hast
du getan?", hatte der Römer den Angeklagten gefragt. Und der Mann hatte geantwortet: „Ich bin dazu
geboren und dazu in die Welt gekommen, dass ich
für die Wahrheit Zeugnis ablege. Jeder, der aus der
Wahrheit ist, hört auf meine Stimme." So erzählt die
Bibel vom Gerichtsprozess über den Fall Jesus von
Nazaret.[95] – Wahrheit, was ist Wahrheit?

Die Frage des Pilatus ist in die Geschichte eingegangen. Sie beschäftigt bis in die Gegenwart hinein Philosophen, Theologen, Juristen, Naturwissenschaftler und Poeten. Die Antworten fallen unterschiedlich aus. Einig ist man sich immerhin darin, dass kein Mensch im Besitz absoluter Wahrheit sein kann. Das freilich lehrt auch den NichtFachmann allein schon die schlichte Lebenserfahrung. „Jede Wahrheit hat zwei Seiten", sagt der Volksmund; mindestens zwei. Warum das so ist, das weiß die buddhistische „Bibel", der PALI-KANON aus dem 1. Jahrhundert v. Chr., mit einer Parabel zu beantworten[96], die man in der islamischen Welt des multireligiösen Indien folgendermaßen wiedergibt:

Im finstern Hause war der Elefant,
wo von den Indern ausgestellt er stand.
Und viele Leute kamen, ihn zu sehen –
sie alle mussten in das Dunkel gehen.
Da sie ihn in der Dunkelheit nicht sahen,
berührten sie ihn nur mit ihren Händen.
Der, dessen Hand an seinen Rüssel rührte,
sprach: ‚Wie eine Regenrinne ist der wohl!'
Der, dessen Hand an seine Ohren traf,
rief: ‚Wie ein Fächer sieht das Wesen aus!'
Der, dessen Hand berührte nur sein Bein,
sprach: ‚Wie ein Pfeiler wird das Tier wohl sein.'
Der, dessen Hand den Rücken rührte schon,
sprach: ‚Sicherlich, er ist gleichwie ein Thron.'
So kam ein jeder nur zu einem Teil.
und er verstand nur dies, und nicht das Ganze,
denn je nach dem Gesichtspunkt war verschieden

wie A und Z, was sie zu sehen glaubten.
Doch hielte jeder einer Kerze Licht,
so gäbe es die Unterschiede nicht![97]

Das „Kerzenlicht", das nötig wäre, um die ganze Wahrheit zu sehen, ist uns Menschen nicht gegeben. Darum werden wir sie immer nur in Teilen erkennen, von je verschiedenen „Gesichtspunkten" her. Die Wirklichkeit ist größer als das, was wir von ihr zu erfassen und in uns aufzunehmen vermögen. Das zu wissen, ist allein schon Wahrheit. Es ist die Wahrheit über uns selbst und unsere begrenzte Erkenntnisfähigkeit. „Ich weiß, dass ich nichts weiß", bekennt Sokrates (gest. 399 v. Chr.), der große Weise der griechischen Antike.[98]

Und doch dürften die Vokabeln „wahr" und „Wahrheit" aus unserem Sprachschatz nicht gestrichen werden. Wir wüssten dann nicht, wie wir es benennen sollten, wenn eine Situation ist, wie sie ist, wenn ein Urteil den Tatsachen entspricht oder wenn ein Gedanke uns berührt und wir ausrufen möchten: „Das ist es!"

Was also ist Wahrheit? Und: Was ist Weisheit? Ein Blick in die deutsche Sprachgeschichte kann hier recht aufschlussreich sein[99]:

Weisheit geht auf das indogermanische Wurzelwort „ueid" zurück, es bedeutet „weisen", „auf etwas hinweisen".[100] Eine Weisheit ist demnach eine Erkenntnis, die auf etwas *hinweist* – ohne es uns direkt und als Ganzes vor Augen stellen zu können. Sie weist auf Größeres und Umfassenderes hin, als sich unserem Erkenntnisvermögen kundtut. Dieser ursprüngliche Wortsinn ist in der Orthographie noch daran erkennbar, dass wir Weisheit nicht mit „ß", sondern mit einfachem „s" schreiben, also nicht von „wissen", sondern von „weisen" herleiten.

Und *Wahrheit* führen die Etymologen auf das Stammwort „uer" zurück. Es hat die Grundbedeutung von „vertrauenswert", meint aber auch „Gunst, Freundlichkeit erweisen". Wahr ist also im Sprachempfinden unserer Vorfahren, was uns als „Gunst" und „Freundlichkeit" entgegenkommt, etwas, worauf man vertrauen kann.[101] Eine Wahrheit ist niemals letztgültige Erkenntnis, nie abgeschlossenes Bescheidwissen und Begriffenhaben – und doch dürfen wir ihr trauen. Sie *weist uns hin* auf Echtes, „Freundliches" und Lebenförderndes – das immer größer ist als das bisher „wahr Genommene". Vorausgesetzt freilich, dass sie nicht erlogen oder Produkt einer Täuschung ist!

Auch der Ursprung des Wortes *lügen* ist in diesem Zusammenhang recht aufschlussreich: Die Sprachwissenschaftler leiten es von der Wortwurzel „leugh" her, aus der im Laufe der Geschichte neben „leugnen" auch „lügen" und „locken" hervorgegangen sind. Lüge und Unwahrheit entstehen, so wussten also unsere Ahnen, wenn eine Wahrheit geleugnet wird, wohl in der Regel mit der Absicht, den anderen auf eine falsche Fährte zu locken, aus welchen Gründen auch immer. Ähnlich ist es mit den Halbwahrheiten, die wegen ihres Anteils an Wahrheit um so verlockender vor uns hintreten können. Die Tatsache, dass wir in unserem Bemühen, die Wahrheit zu erkennen, immer auch den halben oder ganzen Unwahrheiten ausgesetzt sind – und darüber hinaus der Möglichkeit, uns schlichtweg und ohne unsere Absicht über einen Sachverhalt zu täuschen –, macht es erst recht notwendig, beim Erkannten niemals stehen zu bleiben.

Wer eine Wahrheit definieren will, sie festschreibt wie einen endgültigen und sicheren Besitz, wird früher oder später erleben müssen, dass auch andere und noch tiefere Wahrheiten über den Elefanten möglich sind. Ja, er wird die Erfahrung machen, dass er sich täuschen kann, dass er einer Lüge geglaubt hat oder dass er mit Halbwahrheiten angelockt wurde. Er muss dann freilich – resignierend oder gar zynisch wie Pilatus – an der Wahrheitsfrage selbst verzweifeln. Oder er wird, um im Besitz der Wahrheit zu bleiben, zum Fanatiker werden, indem er das „De-finierte", „Abgegrenzte" zum Ganzen und Endgültigen erklärt und die Täuschung und die Lüge als Wahrheit verkauft.

Der Weise dagegen erblickt in der Wahrheit eine *Weis*heit, eine *weisende Wahrheit*: eine Erkenntnis, die ihn hinweist auf weit mehr, als er im Augenblick „begreifen" kann. Er weiß, dass kein Wort und kein Begriff, keine Lehre und keine Definition die Wirklichkeit fassen können. Er traut der erkannten Wahrheit, aber er lässt sich von ihr führen zu noch Größerem hin. Er macht, wie Salomo, die Weisheit zur Lebensgefährtin und geht mit ihr einen *Weg*. Darin gleichen sich Lao-Tse im alten China (um 500 v. Chr.), der die höchste Weisheit „Tao – Weg" nannte, und die Bibel, die von Jesus als „Weg, Wahrheit und Leben"[102] spricht, ebenso, wie die großen Philosophen von der griechischen Antike bis zur postmodernen Gegenwart, die, meines Wissens ausnahmslos, den Prozess- und Weg-Charakter aller menschlichen Erkenntnis betonen.

Ich denke, manche Fragen müssen einfach deshalb ohne klare Antwort bleiben, weil sie falsch gestellt sind. Man kann nicht fragen, was Wahrheit „ist". Wahrheit „ist" nicht, Wahrheit – als Weisheit – *geschieht.*

Angemessen und förderlich ist dagegen die Frage, *was sie mit dem Menschen „macht",* der sich von ihr „weisen" lässt. In der Beantwortung dieser Frage sind sich die Weisen und die Weisheitslie-benden einig. Gotthold Ephraim Lessing (1729-1781) – er lebte im Jahrhundert der beginnenden Aufklärungszeit – brachte ihre Erfahrung mit folgendem Bekenntnis ins Wort:

Nicht die Wahrheit, in deren Besitz irgendein Mensch ist oder zu sein vermeinet, sondern die aufrichtige Mühe, die er angewandt hat, hinter die Wahrheit zu kommen, macht den Wert des Menschen. Denn nicht durch den Besitz, sondern durch die Nachforschung der Wahrheit erweitern sich seine Kräfte, worin allein seine immer wachsende Vollkommenheit bestehet. Der Besitz (dagegen) macht ruhig, träge, stolz ...[103]

Wollte ich mir dennoch die Frage stellen, was Wahrheit „ist", so könnte ich sie nur von der Wirkung her beantworten, von den Früchten der Wahrheit her. Dann lautete die Antwort, eher beschreibend als definierend formuliert: *Wahrheit ist, was leben lässt – mich und andere.*

Wahrheit „erweitert die Kräfte", wie Lessing sagt. Sie weckt, das ist auch meine persönliche Erfahrung, das Leben in mir auf, lässt mich beweglich bleiben und hält meinen Geist auf Trab. Sie bewirkt, dass ich mir treu bleibe und doch nicht mehr derselbe Reinhard Körner wie vor 20 Jahren bin. Sie schmerzt, wenn sie kritisch daherkommt und meine Kreise stört, doch sie heilt und weitet die Sicht, wenn ich ihrer Weisung folge. Sie macht Andersdenkende zu meinen Lehrern, manche sogar zu meinen Freunden, jedes Buch zu einer neuen Lebenslektion und jeden anbrechenden Tag zum Abenteuer. Die Worte des Lao-Tse sind mir zutiefst aus dem Herzen gesprochen: „Ich habe zum Leben heimgefunden – zum Tao! Wahrlich: ... wer zum Tao erwacht, hat das Leben!"[104]

Und sie bewirkt zugleich, dass ich *andere* leben lassen kann: den, der den Rüssel, und den, der die Ohren kennt, obwohl *mir* der Elefant wie ein Pfeiler scheint. Ich traue dem Bein, das ich ertastet habe, ich gebe nicht meinen Glauben her und opfere einer fragwürdigen Harmonie mit dem Gesprächspartner nicht meine Einsichten und Überzeugungen. Doch ich schaue auch zur Wahrheit des anderen hin, still-heimlich wenigstens, wenn ich mit seiner Wahrheit alleine bin, und ich höre in sie hinein, ob sie nicht doch – *Weis*heit ist.

Wahrheit ist, was leben lässt. Ich kenne freilich auch, was meine Kräfte mindert, das geistige und seelische Wachstum bremst, mich eng und kleinlich macht. Das sind in meinem Leben nicht nur die Lügen, die Täuschungen und die Halbwahrheiten, denen ich allzu schnell Glauben geschenkt habe. Das sind vor allem all die vermeintlichen „Richtigkeiten", die ich mir zurechtmache oder die ich unbesehen übernehme – oft gegen eine innere Stimme, die mir sagt: Hier stimmt etwas nicht. Übergehe ich eine Wahrheit, die in mein Leben tritt, oder handle ich gar entgegen meiner „besseren Erkenntnis", so hinterlässt das in mir so etwas wie Selbstverachtung und Selbstanklage, ein niederdrückendes Gefühl jedenfalls. Rede und handle ich aber – auch dann, wenn ich mich damit unbeliebt mache – entsprechend dem, was ich als wahr erkenne, kann ich aufrecht gehen.

Mittels so genannter bildgebender Verfahren wie etwa der Kernspintomographie (MRT) oder der Positronenemissionstomographie (PET) können Neurowissenschaftler heutzutage sogar messbar nachweisen, was im Menschen geschieht, wenn er sich der weisenden Wahrheit und damit dem „Ganzen" verschließt: Er aktiviert dann, so zeigen Messungen der Hirnströme, fast ausschließlich die linke Hemisphäre der Großhirnrinde. Diese vermag zwar analytisch-scharf, aber nur nach dem Entweder-oder-Prinzip zu denken. Die rechte Hemisphäre, die, wenn auch unscharf im Detail, schier unendlich viele Informationen aufnehmen und auf das Sowohl-als-auch der Wirklichkeit blicken kann, bleibt mehr oder weniger unbeteiligt. Das aber macht nicht nur die Erkenntnis, sondern auf Dauer die gesamte Psyche des Menschen einseitig. Er wird eng, humorlos, dogmatistisch, unbeweglich. – Ich kenne das. Und ich kenne daher auch, was verletzt und tötet, mich und andere: was nicht hinweist, sondern an den Kopf wirft. Das ist nicht

Wahrheit. Das ist tote und tötende Ideologie. Besonders verhängnisvoll tritt sie in Erscheinung, wenn einer infolge dieser „Denkungsart" zum *binären Menschen*[105] geworden ist, für den es, wie in der Programmiersprache der Computertechnik, nur die Null und die Eins gibt: nur schwarz und nur weiß, die „Achse des Bösen" und die Koalition der Gleichgesinnten, entweder Freund oder Feind ...

Bei dem buddhistischen Eremiten Han Shan aus dem 7. Jahrhundert in China fand ich folgende Zeilen:

Es gibt viele Intellektuelle auf der Welt.
Die haben ausgiebig studiert
und wissen einfach alles
Doch kennen sie ihr ursprüngliches
Wahres-Wesen nicht
Und wandeln fern, so fern vom WEG!
Wie eingehend sie auch die Wirklichkeit erklären,
Was nützen denn alle die leeren Formeln?
Wenn du ein einzig mal dein Selbst-Wesen erinnerst,
Dann tut sich dir Buddhas Einsicht auf.
Ihr eifrigen Schüler des WEGES lasst euch sagen,
Dass ihr euch ganz umsonst um Fortschritte bemüht.
Des Menschen Wesen ist ein geistig Ding.
Es ist kein Wort und keine Wissenschaft.
Ruft – und es antwortet unmissverständlich.
Doch wohnts im Stillen
und lässt sich nicht festhalten ...[106]

Nicht, dass sich nun nach der „kritischen Wende" die Menschheit in Gottgläubige (aller Art) und Religionslose (Atheisten, Agnostiker, „Normale" ...)

gegliedert hat, ist das Problem auf dem Erdball, sondern dass wir einander zu sehr mit definierten Wahrheiten und zu wenig mit weisender Wahrheit begegnen – wenn nicht gar mit Halbwahrheit und Unwahrheit. Das ist der Grund, warum die Religionen, trotz mancher Anzeichen neuen Erwachens, ihre Kraft verloren haben – und mit ihnen die christlichen Kirchen ebenso wie die atheistischen Weltanschauungen. Treueparolen und „missionarische" Unternehmungen retten da die alten oder neuen Lehren genauso wenig aus dem allenthalben entgegengebrachten Ideologieverdacht wie das Pochen auf Tradition und angestammte Rechte oder die Anleihen bei Show-Business und Medien-Marketing. „Eine unabdingbare Voraussetzung für die radikalen Reformen, denen ich den Namen Perestroika gab", so Michail Gorbatschow im Rückblick auf die letzten Jahre der Sowjetunion, „war Glasnost, also Offenheit, und damit die Möglichkeit, aber auch das Recht, die Wahrheit zu sagen."[107]

Und nicht die Aufklärung ist schuld am vielbeklagten Schwinden der Werte und am vermeintlichen Untergang der (Leit-)Kulturen. Sie hat ja doch dazu geführt, dass immer mehr Menschen auch die linke, vernunftorientierte Hemisphäre ihrer Großhirnrinde benutzen lernen; dass sie das Denken nicht mehr den religiösen oder politischen „Führern" überlassen; dass sie sich befreien von Aberglaube, Schicksalsmacht und auferlegtem Herrschaftswissen und mit ihren analytisch-reflektierenden Fähigkeiten die Welt gestalten – mit oder ohne Kenntnis der Marx'schen These zu Feuerbach: „Die Philosophen haben die Welt nur verschieden interpretiert; es kommt aber darauf an, sie zu verändern!"[108] Nein, nicht die Aufklärung, nicht die Vernunft, nicht die Wissenschaft und nicht die Befreiung aus Hörigkeit und Fremdbestimmung haben die Menschheit in ihre bisher wohl kritischste Phase gebracht, sondern die mangelnde Bereitschaft, ein ganzheitlicher Mensch zu sein und auf Weisheit zu hören, auf das Lied der weisenden Wahrheit in allen Menschen und in allen Dingen.

Wahrheit, die meinem Leben und meiner Mitwelt *Zukunft* gibt, ist nur die Weisheit, die weisende Wahrheit, die aufbaut, aufrichtet und heilt.

Hätte der Römer Pilatus sein „ursprüngliches Wahres-Wesen" (Han Shan, s. o.) erkannt, hätte er sich seines „Selbst-Wesens erinnert" (ders.), so hätte er den Angeklagten verstanden, als dieser ihm antwortete: „Ich bin dazu geboren und dazu in die Welt gekommen, dass ich für die Wahrheit Zeugnis ablege. Jeder, der aus der Wahrheit ist, hört auf meine Stimme."[109] Wüssten die Politiker unserer Parteien und Gewerkschaften, die Prediger in den Gotteshäusern, die Wortführer atheistischer Weltanschauungen und die Medienleute in Funk und Presse, wie viele solcher Menschen, die „aus der Wahrheit sind", auch heute mitten unter uns leben, Menschen, die ihre oft so leeren und törichten Botschaften durchschauen – so mancher würde erschrecken wie der Kaiser im Märchen, vor dem ein kleiner Junge ausruft: „Aber er hat ja gar nichts an!"

Ich habe keine Lehre. ... Ich nehme
ihn, der mir zuhört, an der Hand und
führe ihn zum Fenster. Ich stoße das
Fenster auf und weise hinaus.
Ich zeige Wirklichkeit.

Martin Buber

7. Wenn Weisheit Mensch wird

Der Standpunkt des Andersdenkenden ist der Gesichtspunkt des Weisen

In den Bemühungen um ein friedvolles Miteinander in der Wohngemeinschaft Erde ist immer wieder von der *Toleranz* die Rede. Auch die Europäische Akademie der Wissenschaften und Künste, in deren religionsphilosophisch-theologischer Sparte ich mitarbeite, hat diese alte und heute so notwendige Grundtugend in Erinnerung gebracht. Das internationale Netzwerk aus Geistes-, Natur- und Humanwissenschaftlern, Künstlern und Publizisten hat es sich zur Aufgabe gemacht, durch interdisziplinäre Forschung und durch fach- und sachkundige Beratung öffentlicher Stellen in Politik, Religion und Gesellschaft zum Aufbau eines geeinten Europa beizutragen. Ein wichtiger Meilenstein war die Erarbeitung einer CHARTA DER TOLERANZ, die im November 2002 in New York dem Generalsekretär der UNO, Kofi Annan, übergeben wurde. Der kurze, prägnant formulierte Text spricht von der „Kultur der Toleranz", die den „vielfältigen Phänomenen der Intoleranz" entgegengesetzt werden müsse.[110]

Derzeit ist die EUROPÄISCHE AKADEMIE darum bemüht, auf die Wiedererrichtung des vatikanischen SEKRETARIATS FÜR DIE NICHTGLAUBENDEN hinzuwirken. Auch dabei geht es um die Tugend der Toleranz. Das Sekretariat der Katholischen Kirche war 1965, noch während des letzten Konzils (1962-1965), mit der Absicht gegründet worden, den *Dialog zwischen Christen und Atheisten* zu fördern, wurde dann unter Johannes Paul II. jedoch praktisch wieder aufgelöst. Nach fruchtbaren Jahren unter der Leitung des Wiener Kardinals Franz König (geb. 1905) ist es 1993 mit dem PÄPSTLICHEN RAT FÜR DIE KULTUR zusammengelegt worden, wobei die ursprüngliche Zielsetzung deutlich in den Hintergrund gedrängt wurde und an die Stelle des Dialogs das einseitig missionarische Anliegen trat, „den Kulturen unserer Zeit, die oft von Unglauben und religiöser Gleichgültigkeit gekennzeichnet sind", die „Heilsbotschaft des Evangeliums" zu vermitteln.[111] So verständlich das nun hervorgehobene Anliegen sein mag (grundsätzlich teile auch ich es durchaus!) – es geht in seiner Einseitigkeit an der Realität unserer Zeit vorbei. Wie wichtig und wie heilsam wäre es gerade für die Katholische Kirche, sich auch heute noch einem wirklichen *Gespräch* mit dem Atheismus zu stellen und sich mit dessen kritischen Antworten auf die Verfälschungen des Christentums in Praxis und Lehre auseinanderzusetzen. Und wie aktuell wäre gerade heute, da die religionslose Lebensform in unserer Welt immer selbstverständlicher geworden ist, das Anliegen, zu dem sich schon 1965 das Zweite Vatikanische Konzil bekannte:

Wenn die Kirche auch den Atheismus eindeutig verwirft, so bekennt sie doch aufrichtig, dass alle Menschen, Glaubende und Nichtglaubende, zum richtigen Aufbau dieser Welt, in der sie gemeinsam leben, zusammenarbeiten müssen. Das kann gewiss nicht geschehen ohne einen aufrichtigen und klugen Dialog. Deshalb beklagt sie die Diskriminierung zwischen Glaubenden und Nichtglaubenden, die gewisse Staatslenker in Missachtung der Grundrechte der menschlichen Person ungerechterweise durchführen.[112]

Bedenkt man die damalige Situation – es war die Zeit des militanten Atheismus und der gesellschaftlichen Ächtung der Christen in den Ostblockstaaten, aber auch die Zeit, da die „Ungläubigen" in weiten Kreisen der Kirchen noch als schlechthin unmoralisch betrachtet wurden –, so atmet dieses Bekenntnis in erstaunlicher Klarheit den Geist der Menschlichkeit. Kardinal Franz König, inzwischen 98-jährig, erzählte uns auf einer unserer Tagungen, es sei ihm und der Mehrheit der Konzilsteilnehmer damals nicht etwa darum gegangen, „gegen die Atheisten zu kämpfen"; vielmehr sei es ihr Anliegen gewesen, „die beiderseitig bestehende Intoleranz in Toleranz zu wenden".[113]

Toleranz – auf den ersten Blick ein Modewort. Manchem auch ein rotes Tuch. „Toleranz" klingt nach Unverbindlichkeit und Gleichmacherei, nach Relativismus, nach Verwässerung der Werte und Aufgeben klarer Standpunkte. Soll wirklich jeder für den Elefanten halten dürfen, was er will? Darf gar jeder tun, was er aus seiner begrenzten oder womöglich irrigen Sicht für richtig hält? – Die Autoren der CHARTA DER TOLERANZ wissen um die Problematik dieses heute oft und unüberlegt dahingeredeten Begriffs. „Die Grundtugend der Toleranz inhaltlich zu bestimmen", so schreiben sie, „erscheint uns als dringende Notwendigkeit."[114] Zwei der sechs Leitsätze, die sie zur Begriffsklärung vorlegen, lauten:

– *Toleranz erfordert die Fähigkeit des Menschen, den Anderen zu verstehen und ihn in seinem Anderssein zu respektieren.*

– *Toleranz setzt einen sicheren Standpunkt voraus.*[115]

Und in der Präambel heißt es dazu:

Im globalen Zusammenrücken der Menschen mit ihren Traditionen und Weltanschauungen wird es unerlässlich, sich seiner Kulturidentität immer neu zu vergewissern. Jeder Mensch hat das Anderssein des Anderen zu respektieren und bereit zu sein, dieses als Wert wahrzunehmen. Das wird gelingen, wenn alle im Grundkonsens von Toleranz übereinstimmen. Dort, wo kein Konsens gefunden werden kann, muss zumindest ein friedliches Zusammenleben gesichert werden.[116]

Eine „Wischi-Waschi-Toleranz" ist also ganz und gar nicht gemeint. Auch in weltanschaulicher und religiöser Hinsicht nicht. Der Relativismus, wie er gegenwärtig etwa im Dialog der Religionen auch von einigen christlichen Theologen vertreten wird, ist keine wahrheitsgemäße Antwort auf die Schwarz-Weiß-Mentalität der Intoleranz; er macht die Welt grau und übersieht, dass sie die bunten Farben des Regenbogens trägt. Toleranz ist das uneingeschränkte Ja zur Andersartigkeit des anderen, doch gerade diese Haltung ist in Aufrichtigkeit nur dem möglich, der sich seiner eigenen Identität bewusst ist.

Wie aber geht beides zusammen – ein *sicherer Standpunkt*, ja eine „persönlich vergewisserte Kulturidentität" (s. o.), und zugleich ein aufrichtiger *Respekt vor dem Standpunkt des anderen*?

Seit neun Jahren schon kommt Matthias, ein Krankenpfleger aus Jena, für ein Wochenende im Advent mit seinem Freundeskreis in unser Kloster. Die Gruppe aus 10 bis 15 Studenten und jungen Leuten verschiedenster Berufe ist in ihrer Zusammensetzung ein ziemlich prozentgenaues Spiegelbild unserer ostdeutschen weltanschauungspluralistischen Gesellschaft. Die Gespräche in ihrer Runde sind für mich beispielhaft dafür geworden, wie echte Toleranz gelebt werden kann:

Was wir einander sagen – es geht (buchstäblich!) um Gott und die Welt und niemals nur ums „Wetter" –, ist weder Anbiederung an die andere Position, noch Schlagabtausch gegensätzlicher Argumente. Wir hören aufeinander, oder besser: ein jeder hört in die Erfahrung und in die Sicht, *in die Wahrheit des anderen* hinein. Hat einer gesprochen, folgt nicht sogleich ein Gegenargument, sondern zunächst eher die Frage: Wie hast du das erlebt?, Wie stehst du selbst dazu?, oder: Was macht das mit dir? Sein *Stand*punkt darf stehen bleiben und wird zu einem neuen *Gesichts*punkt für die anderen; er wird zu einer weisenden Wahrheit, die den eigenen Standpunkt von Unklarheiten reinigen, ihn von unbewussten Voreingenommenheiten befreien und mit tieferen Erkenntnissen bereichern kann. Behutsam, achtsam und doch verbindlich geht es in diesem Kreis zu. Die Stille zwischen den Gesprächsrunden trägt das Ihre dazu bei. Der atheistisch orientierte Physikstudent, die konfessionslose, aber christlich eingestellte Krankenschwester und der evangelische Architektur-Doktorand nutzen sie gleichermaßen gern für ein paar besinnliche Minuten im Meditationsraum oder in der Hauskapelle. „Da kann man so gut nachdenken", sagt die religionslose Anne, die sich in der Mongolei für die ökologische Weidewirtschaft engagiert.

Auch ich selbst habe diesen jungen Menschen viel zu verdanken. Was mich vor allem und von Jahr zu Jahr mehr beeindruckt, ist die Selbstverständlichkeit, mit der sie ihr tolerantes Miteinander pflegen. Hier begegnen mir *weisheitliche Menschen*. Gerade durch sie habe ich in so mancher Hinsicht *meinen* Standpunkt, meinen christlichen Glauben tiefer verstanden. Ein Beispiel dafür will ich nennen, eines, mit dem ich zugleich verdeutlichen kann, was ich meine, wenn ich von „weisheitlichen Menschen" spreche:

Von Jesus sagt die Bibel, in seiner Person sei „das WORT Fleisch geworden".[117] „Fleisch geworden" heißt hier „Mensch geworden", und für „Wort" steht im altgriechischen Originaltext der Ausdruck „lógos", was in der hellenistischen Kulturwelt, in der die Autoren des Neuen Testaments lebten, soviel bedeutete wie „Sinn-erhellendes Weisheitswort". Jesus, ein zum „Weisheitswort" gewordener Mensch – wie es zu dieser theologischen Aussage kommen konnte, das eben ist mir nicht zuletzt in der Jenaer Gruppe einsichtig geworden: Die Leute im damaligen Israel müssen in dem Mann aus Galiläa wohl einem Menschen begegnet sein, der ähnlich auf sie wirkte wie auf mich meine Freunde aus Jena. Gewiss, in einem noch weit intensiveren Maße. In Jesus aus Nazaret erlebten sie einen Menschen, von dem sich ein jeder respektiert und als *Mensch* betrachtet wusste – und der zugleich „etwas zu sagen" hatte. Der weder frömmelnd daherredete und schulmeisterlich belehrte, noch die fade Soße des Relativismus und der Harmonisierung über alle Meinungsvielfalt goss, sondern den doktrinären und kasuistischen Auffassungen seiner Zeit ein entschiedenes „Ich aber sage euch ..."[118] entgegenhielt. Er konnte den Blick für Wahrheiten öffnen, durch die sich vielen ein neuer Lebenssinn erschloss. Sie erlebten einen Menschen mit sicherem Standpunkt, der in ihr Denken und Urteilen einen neuen, für sie geradezu revolutionären Gesichtspunkt brachte! Und der authentisch war, im Einklang mit sich selbst und mit dem, was er sagte und tat. Menschgewordene Weisheit.

Martin Buber (1878-1965), der große jüdische Philosoph des 20. Jahrhunderts, hat einmal von sich gesagt:

Ich habe keine Lehre. Ich zeige nur etwas. Ich zeige Wirklichkeit, ich zeige etwas an der Wirklichkeit, was nicht oder zu wenig gesehen worden ist. Ich nehme ihn, der mir zuhört, an der Hand und führe ihn zum Fenster. Ich stoße das Fenster auf und weise hinaus. Ich zeige Wirklichkeit ...[119]

Genau das hat auch der Jude Jesus aus Nazaret getan. Für mich persönlich, wie auch für viele andere rund um den Erdkreis, ist er – das ist *mein* sicherer Standpunkt – zum weisheitlichen Menschen schlechthin geworden, zur *sinnerhellenden Weisheit in Person.* Und mir ist heute klar: In Zukunft wird Jesus mehr und mehr von „artgleichen" Menschen entdeckt oder wiederentdeckt werden, von weisheitlichen Menschen also, von religionslosen ebenso wie von religiösen, und von Angehörigen anderer Weltreligionen ebenso wie von kirchlichen oder konfessionslosen Christen. Seine Bergpredigt haben selten Christen so gut verstanden wie der Hinduist Mahatma Gandhi (1869 – 1948) – der sich dennoch zeitlebens zum Hinduismus bekannte. Der tschechische Philosoph Milan Machovec (gest. 2003), ein Marxist, hat sich „mit einer positiven Leidenschaft", wie sie unter Christen ganz und gar nicht selbstverständlich ist, dem „Meister aus Nazareth" zugewandt und in ihm den „Jesus für Atheisten" gefunden[120] – gerade dadurch konnte er in politisch schwierigen Zeiten seinen marxistischen Idealen treu bleiben. Und selbst der streitbare Religionskritiker Friedrich Nietzsche (1844-1900), der den Glauben an Gott für tot erklärt hatte, war der Meinung, es habe „im Grunde nur einen Christen (gegeben), und der starb am Kreuz"[121]; in einer Nachlassaufzeichnung räumte er ein: „Das Christentum ist jeden Augenblick noch möglich; denn es ist eine *Praxis*, keine Glaubenslehre."[122] – Das sind nur drei (in diesen Fällen prominente) Beispiele, die für viele andere aus Vergangenheit und Gegenwart stehen. Sicher werden sie auch in Zukunft nicht fehlen.

Wie werde ich ein weisheitlicher Mensch? Kurz zusammengefasst: Indem ich bewusst auf alles höre, was mir als Weisheit, als weisende Wahrheit begegnet. Jeder hat die Fähigkeit dazu. Sie ist in unserer Seelen- und Geistesstruktur angelegt:

Unser menschliches Erkenntnisvermögen, so wusste schon die vor-wissenschaftliche Psychologie seit Aristoteles, ist als *ratio* und als *intellectus* tätig.[123] Der intellectus ist die wahrnehmende, die ratio die denkerisch-verarbeitende Tätigkeitsweise unseres Geistes:

Um zu Einsichten und Erkenntnissen zu gelangen, schaut der Mensch *intellektual* auf das, was ihm als Wahrheit entgegentritt: auf die Dinge, die

Geschehnisse, die verschiedenartigen Realitäten in der Welt um ihn herum. Mit dem intellectus nimmt er darüber hinaus Gedanken und Argumente in sich auf, die Ideen aus der „geistigen Welt", wie sie uns aus dem Gespräch mit anderen, aus Büchern, aus Bildern oder auch aus dem eigenen Inneren entgegenkommen. Der intellectus nimmt (weisende) Wahrheit wahr.

Die *rationale* Geisteskraft reflektiert das so Wahr-Genommene. Mit ihr denken wir über das „Geschaute" nach, bringen Einzelnes miteinander in Verbindung, unterscheiden „die Geister", ziehen Schlussfolgerungen, formen uns daraus die Lehren für das Leben.

Im Zusammenspiel von *beiden* Tätigkeitsweisen der Geisteskraft entstehen unsere Kenntnisse, unsere Erfahrungen und unsere Überzeugungen.

Ein Mensch, der in seinem Geist zu einseitig rational tätig ist, der das intellektuale Schauen versäumt, wird wie ein Computer mit blockiertem Input. Seine Überlegungen und Urteile kreisen dann im geschlossenen System. Seine Ansichten werden wirklichkeitsfremd. Seine Ideen werden Ideologien: realitätslose Ideenwelten; seine Worte sind abstrakte „Zahlen und Figuren" (Novalis), und seine Lehren hinterlassen Leere. Die religiöse wie die atheistische und die religionsfreie Welt kennt diese Geisteshaltung und ihre verheerenden Auswirkungen.

Die weisheitliche Lebensform dagegen entwickelt mit der ratio auch das intellektuale „Tun" des Geistes. Der Weise weiß um die Begrenztheit aller Lehr- und Denksysteme, aller religiösen und aller nichtreligiösen Daseinsdeutungen, aller Urteile und allen Wissens – und bleibt offen für die Realität und die Wahrheiten vor der Tür seines Geistes.

Als im Zuge der neuzeitlichen Entwicklung in den Geisteswissenschaften, vor allem in der Theologie und in den philosophischen Schulen, dieser Zusammenhang von ratio und intellectus in Vergessenheit zu geraten drohte, wies Friedrich J. W. Schelling (1775-1854) die Gelehrtenwelt darauf hin, dass „die Vernunft, inwiefern sie sich selbst zur Quelle und zum Prinzip nimmt, keiner *wirklichen* Erkenntnis fähig ist. Denn", so Schelling in gutem Philosophen-Deutsch, „was ihr immer zugleich zum Seienden und Erkennbaren wird, ist ein über die Vernunft Hinausgehendes, welches sie darum einer anderen Erkenntnis, nämlich der Erfahrung, überlassen muß."[124]

Zu unserer Seelenstruktur gehört neben dem Erkenntnisvermögen der *Wille*, die Entschlusskraft des Menschen. Mit ihr können wir die ratio und den intellectus bewusst betätigen. Der Wille agiert freilich nicht unabhängig von unseren Stimmungen und Emotionen. Vor allem unsere Vorlieben, unsere Wertvorstellungen, unsere Vorentscheidungen und unsere Ängste, ja sogar verborgene Fixierungen motivieren die innere Entschlusskraft, Neues, Unbekanntes, fremd Erscheinendes und bisher noch zu wenig Bedachtes in uns aufzunehmen – oder uns dem zu verschließen. Weisheitlich wird der Mensch, wenn er auf die Motive seines Denkens und Handelns achtet und immer wieder von neuem das Abenteuer eingeht, sich gegen alle Trägheiten und Voreingenommenheiten seines Herzens, auch gegen alle demotivierenden Stimmen von außen und von innen, der immer noch größeren und umfassenderen Wahrheit zu öffnen.

Hinzukommt als drittes Geistesvermögen die *Gedenkkraft*, die „memoria", wie die Alten sagten. Das ist die Fähigkeit, innerlich bei dem zu verweilen, was wir intellektual wahrgenommen und rational bedacht haben: das Gehörte und Erkannte „verkosten und verschmecken", sagen manche Weisheitslehrer, sodass es uns zur „Nahrung" werden kann. Gemeint ist hier eher ein Bedenken als ein Denken: ein „erspüren" und „sich berühren lassen". Weisheitlich kann werden, wer der Stille und der Muße in seinem Herzen Raum gibt, damit die Wahrheiten, die das Leben an ihn heranträgt, sich ihm „einverleiben", in ihm „Fleisch werden" können. Ohne Stille und Muße muss es zu dem kommen, was eine Spruchkarte mit den Worten karikiert: „Die Weisheit läuft dir nach – doch du bist schneller!"

Was ich hier mit Worten der alten Psychologie – die neuere, wissenschaftliche Psychologie ist zu ähnlichen Ergebnissen gekommen – beschrieben habe, kann nichts anderes als (um mit Martin Buber zu sprechen, s. o.) ein „Fenster" sein, durch das hindurch im eigenen Inneren erkannt werden muss, was es da zu „tun" gilt, um weisheitlich zu leben.

„Ein anderer Christus werden", so hieß ein zentraler, doch leider schon bald in Vergessenheit geratener oder moralistisch umgedeuteter Leitgedanke in den ersten Jahrhunderten der Kirchengeschichte: Ein Mensch werden, wie Jesus einer war.

Vielleicht waren die Voraussetzungen, um ein weisheitlicher Atheist, ein Buddhist mit „Buddha-Natur", ein Jude nach dem Urbild Abrahams oder ein Christ aus dem Geist des Jesus von Nazaret zu werden, nie so gut wie heute. Die Begegnung von Menschen so verschiedener Standpunkte, wie sie unterschiedlicher in der Menschheitsgeschichte noch nie im selben „Auditorium" – in fast jedem Arbeitsteam, im selben Ausbildungskurs, in allen demokratischen Gremien, zum Teil in derselben Familie – vertreten wurden, wird uns, schon um des Überlebens willen, immer mehr dazu herausfordern, weisheitliche Menschen zu werden: Menschen, die einen Standpunkt haben und zugleich die weisende Wahrheit in sich einlassen, die ihnen nicht zuletzt im so ganz anderen Standpunkt des Andersdenkenden entgegenkommt.

*Wahrheit und Liebe sind iden-
tisch. Dieser Satz – wenn er in
seinem ganzen Anspruch begriffen wird – ist die höchste Garantie der Toleranz.*

Joseph Ratzinger

8. Die Botschaft der Taube

WEISENDE ZEICHEN FEHLEN UNS NICHT

Die Friedenstaube ist zurückgekehrt. Bei den De-
monstrationen gegen Krieg, Ausbeutung, Unge-
rechtigkeit und Gewalt ist sie in allen Erdteilen
präsent. Im Internet findet sie die Suchmaschine
derzeit auf mehr als 5.300 Seiten. Pablo Picasso
(1881-1973), Mitglied der Kommunistischen Partei
Frankreichs, hatte die flügelschwingende Taube
1949, anlässlich eines Weltkongresses in Paris,
zum Leitsymbol der Friedenskämpfer gemacht. In
den Jahren der DDR gehörte sie, geradezu allge-
genwärtig, für uns Ostdeutsche zum Lebensalltag.

Den wenigsten von uns war damals die eigent-
liche Herkunft der Friedenstaube bekannt. Auch
ich habe erst lange nach dem Mauerfall davon ge-

hört, dass der aus dem katholischen Spanien stammende Picasso auf etwa einem Dutzend seiner Plakatversionen die Taube mit einem Zweig im Schnabel dargestellt hat – für Juden und Christen ein vertrautes Motiv: Es ist die Taube aus der Bibel, die dem Noach einen grünenden Ölzweig ans Fenster der Arche bringt; sie kündigt ihm an, dass sich die Wasser der Sintflut zurückziehen und die Erde wieder zu leben beginnt.[125]

Doch selbst die biblische Taube steht, wie Religionswissenschaftler in den letzten Jahrzehnten herausfanden, in einer langen Tradition, und die reicht weit in die Kulturgeschichte der Menschheit zurück.

Schon aus dem frühen 3. Jahrtausend v. Chr. und bis in die ausgehende Römerzeit hinein gibt es zahlreiche außerbiblische Belege für diese Symbolik. Die Taube galt in allen Religionen des östlichen Mittelmeerraumes als heiliges Tier. Auf Tonreliefs, Steinornamenten und anderen Bildträgern erscheint sie als das Attribut der großen Liebesgöttinnen der antiken Welt. Sie übernimmt Botinnenfunktion, sie fliegt von der Göttin, etwa der Ischtar, der Astarte, der Ma'at oder der Aphrodite zu den Menschen hin, setzt sich auf die Schulter oder das Haupt und überbringt gute Nachricht. Sie flüstert eine göttliche Botschaft, eine *Weisheit* ins Ohr.[126] Um die Zeitenwende berichtet Philon (13 v. bis ca. 50 n.), ein großer Gelehrter der griechischen Philosophie und wie Salomo in Alexandria beheimatet, auch im jüdischen Glauben werde die Weisheit, die von Gott in die Welt gesandt wird, „symbolisch Taube genannt"[127]. In den frühchristlichen Schriften schließlich, in den Evangelien des Neuen Testaments, heißt es, der „heilige Geist" sei „wie eine Taube" auf Jesus von Nazaret herabgekommen und habe ihm die Botschaft Gottes: „Du bist mein geliebter Sohn ..." gebracht.[128] Es ist der „Geist der Weisheit"[129], den schon Salomo kannte. Jesus sagt von ihm, es sei der „Geist der Wahrheit, der euch in die ganze Wahrheit führen wird"[130].

Seit mindestens 5.000 Jahren also kennen sehr unterschiedliche Kulturen der Erde das Symbol der Taube. In der Menschheitsgeschichte ist sie ein altes Bild für die Weisheit – für jede weisende Wahrheit, woher immer sie uns „zugeflogen" kommt. Uns Christen ist sie zum Bild für den Heiligen Geist geworden. Und das eine hat mit dem anderen wesentlich zu tun.

Länger noch, seit unvordenklichen Zeiten schon, dringt das, was die kleine Taube verkörpert, an die Ohren der Menschen. Sie bringt kleine Briefe, nicht Lexika oder Bibliotheken, und schon gar nicht trägt sie eine alles erklärende Weltformel im Gepäck; ihre Botschaften enthalten nicht letztgültige Definitionen und geschlossene Lehrsysteme. Doch sie kehrt wieder, hat stets von neuem einen grünenden Zweig im Schnabel, und den, der ihr das Fenster seines Herzens öffnet, führt sie immer tiefer in die Wirklichkeit ein. Sie nimmt ihn in die Schule der Weisheit, Lektion um Lektion weist sie ihn in die Wahrheit ein.

Den Lauschenden und Hörenden in den Generationen vor uns verdanken wir es, dass der Weisheitsschatz, aus dem wir Heutigen schöpfen können – schöpfen könnten –, groß geworden ist und reich. An uns ist es, ihn zu heben. Wer ihn nicht hebt, bleibt arm, und wer, wie wir Christen gern spöttelnd sagen, „seinen eigenen Vogel für den Heiligen Geist hält", bringt sich um seinen besten Lehrer.

Wir sind heute sehr darum bemüht – jeder nach seinen Fähigkeiten und Möglichkeiten –, in allem „up to date" zu sein: auf dem Stand des Fortschritts, auf dem Stand der Wissenschaft, auf dem Stand der Technik und auf der Höhe der Zeit. Aber wie ist es um das Bemühen bestellt, auf dem *Stand der Weisheit* zu sein? – Niemand kann noch Schritt halten mit dem immensen Wissensstand der Gegenwart. Universalgelehrte gehören längst der Vergangenheit an, und selbst Spezialisten kommen ohne die Hilfe von Computern und Datenbanken nicht aus. Jedem aber ist es gegeben, in die Schule der Weisheit zu gehen und Schritt zu halten mit ihrem Unterricht. Es bedarf dafür weder eines überdurchschnittlichen Intelligenzquotienten noch eines Professorentitels. Ein weisheitlicher Mensch sein, das ist eher eine Charakterfrage, und die hat mit Ehrlichkeit, Aufgeschlossenheit, Menschlichkeit und Liebe zu tun. In einem bemerkenswerten Appell an die Gelehrten der Weltreligionen (von 2003) schreibt Kardinal Joseph Ratzinger:

Wahrheit und Liebe sind identisch. Dieser Satz – wenn er in seinem ganzen Anspruch begriffen wird – ist die höchste Garantie der Toleranz; eines Umgangs mit der Wahrheit, deren einzige Waffe sie selbst und damit die Liebe ist.[131]

Ich möchte an ein paar Beispielen zeigen, wie uns die Weisheit auch jetzt, in der gegenwärtigen Epoche der Menschheitsgeschichte, in ihren Unterricht nimmt – uns alle, Gelehrte und weniger Gebildete, Religiöse und Religionslose:

Seit Jahrtausenden weist uns die Taube den *Weg des Friedens*. Sie lehrte die Hörenden unter unseren Ahnen durch Erfahrung, dass Kriege Leid, Tod und Zerstörung bringen und Gewalt immer neue Gewalt gebiert. In ihrer Schule gelangten immer mehr Menschen zu der Erkenntnis, dass ein Krieg nur dann in Betracht gezogen werden darf, wenn dadurch noch schlimmeres Unheil verhindert und auf keinem anderen Wege einem mörderischen Unrecht entgegengewirkt werden kann. Der christliche Theologe Aurelius Augustinus (354-430) gebrauchte dafür das Wort vom „gerechten Krieg". Leider wurde diese Einsicht, die für besondere Situationen gewalttätiger Bedrohung durchaus ihre Gültigkeit behalten darf, bald verallgemeinert und zur „Lehre vom gerechten Krieg" gemacht. Mit dieser Lehre wurden dann über Jahrhunderte hin die Religions- und Eroberungskriege des christlichen Abendlandes, ja sogar die inquisitatorischen und politischen Gewalttaten gegen Andersdenkende legitimiert. Wie verhängnisvoll sich solches Denken auswirkt, zeigt sich bis in die Gegenwart hinein.

Heute erinnert uns die Taube wieder an ihre früheren Lektionen. Der Lernprozess in ihrer Schule geht weiter. Über den Bildschirm führt sie uns die von Kriegen und Terroraktionen betroffenen Menschen in die Wohnzimmer hinein: die Frauen, Männer und Kinder, deren Gesichter in unsere Augen blicken – und einen „gerechten Tod" sterben ... Die Friedenstaube zeigt uns die Realität hinter jedem Krieg! Sie macht uns klar, dass es zur gewaltfreien Konfliktlösung keine menschenwürdige Alternative gibt. Krieg, ja schon die Androhung von Krieg, ist unter den gegenwärtigen Bedingungen auch als „letztes Mittel" kein Weg mehr aus der Spirale der Gewalt. Wir haben letztlich nur den – gewiss mühsamen, langwierigen und nicht immer erfolgreichen – Weg der Verständigung, des Gesprächs und der Überzeugungskraft, um Terror, Mord und Zerstörung zu verhindern und dauerhaften Frieden zu bauen.[132]

In der Schule der Geisttaube hatte bereits Papst Johannes XXIII. am 11. April 1963, vor nunmehr vierzig Jahren, in seiner Friedens-Enzyklika PACEM IN TERRIS der „Lehre vom gerechten Krieg" eine entschiedene Absage erteilt. Mit dem leidenschaftlichen Friedensappell, den Johannes Paul II. immer wieder an die Konfliktparteien in den Krisengebieten der Welt richtet – „So lange ich noch eine Stimme habe, werde ich schreien: Frieden, Frieden. Im Namen Gottes, Frieden!" –, steht der jetzige Papst in der Linie seines großen Vorgängers. Wenn dafür auch noch längst nicht alle Ohren in Gesellschaft und Kirche offen sind; wenn auch die Torheit des Profitstrebens und der Macht die Weisheit des Friedens nicht einlassen will in das Denken mancher einflussreicher Zeitgenossen; wenn auch der Frevel parteipolitischer, religiöser und weltanschaulicher Sophisterei sich der Sophia des Dialogs und der Toleranz noch immer gewaltbereit entgegenstellt: Die Mehrheit in der Weltbevölkerung scheint heute auf dem Stand der Weisheit angekommen zu sein. „Krieg ist keine Antwort!" heißt die Botschaft, die quer durch alle Religionen, Weltanschauungen und Parteien immer lauter wird. „Die Weisheit hat ihr Haus gebaut ..." (s. S. 58).

Ein weiteres Beispiel: Die Monate nach dem Mauerfall brachten uns im Osten Deutschlands *die Erfahrung der runden Tische.* Das Gemeinwohl war das Ziel der − durchaus streitbaren − Debatten. Auch ich habe mich daran, auf kommunaler Ebene, aktiv beteiligt. Die Weisheit zeigte uns, wie gut es doch möglich ist, vom je eigenen Standpunkt aus auf den Standpunkt der anderen zu hören und miteinander nach dem zu suchen, was allen förderlich ist. Der runde Tisch auf Regierungsebene, unter der Gesprächsleitung eines evangelischen und eines katholischen Geistlichen, war geradezu eine Lehrvorführung hochintelligenten, weisheitlichen Umgangs miteinander in der parlamentarischen Demokratie.

Auch diese Lektion ist inzwischen weithin vergessen. Dem runden Tisch sind längst wieder, auf allen Ebenen, die klar abgrenzenden Stuhlreihen der Fraktionen gewichen, und weisende Wahrheit muss sich oft genug den Eigeninteressen der Parteien beugen. Und doch ist so vielen Menschen im Land, wenn sie das lautstarke Politiker-Gezänk am Bildschirm verfolgen, spätestens seit damals klar: Es könnte auch anders gehen! Die Weisheit hat ihre Schüler gefunden.

Im kirchlichen Raum gibt es ebenfalls Beispiele genug für das Wirken der Weisheit in unserer Zeit. So sprach man von einem *neuen Pfingsten in der Christenheit,* als die große Kirchenversammlung des

Zweiten Vatikanischen Konzils (1962-1965) das jahrhundertelange Systemdenken aufzubrechen begann. Mit dem Ruf „Zurück zu den Quellen!" erwachte in der Folge rund um die Erde ein in solchem Ausmaß nie dagewesenes Interesse an Jesus und seiner Glaubens- und Lebenssicht. Es war die Zeit meiner Jugendjahre. Ich hatte damals die unbändige Gewissheit, dass nichts in der Welt so fortschrittlich, so auf der Höhe der Zeit und so zukunftsweisend sei wie dieser neue Geist in der Kirche. Es schien, als führte uns der Heilige Geist nun von neuem in das Christentum ein. Die moralisierende Enge wich der Weite aufgeschlossener und lebensfreundlicher Einsichten, die frömmelnde Kasuistik dem vernünftigen Denken, die nichtssagenden Worthülsen einer zutiefst berührenden Lebens- und Daseinsdeutung. Das Jesus-Wort der Bibel: „Der Geist wird euch an alles erinnern, was ich euch gesagt habe"[133] war für mich und für viele meiner christlichen Freunde in jenen Jahren erfahrbare Wirklichkeit geworden. Der „Geist der Wahrheit"[134] lehrte uns, auf Jesus zu blicken und von ihm her noch einmal neu zu buchstabieren, wer Gott ist, was Menschsein bedeutet und was Christentum eigentlich meint.

Doch auch in der Kirche fand die Weisung der Taube nicht nur offene Herzen. Statt in allem zuerst und vorurteilslos an Jesus Maß zu nehmen, blieben weithin traditionalistische „Glaubens"-vorstellungen und konfessionelle Eigeninteressen das Kriterium, dem so manche tiefere Einsicht geopfert wurde. Und dennoch: „Die Weisheit hat ihr Haus gebaut." Wohl noch nie in der Geschichte der

Kirche war die Zahl derer, die unbeirrt Jesus von Nazaret und sein Gottes- und Menschenbild in das Zentrum ihres Glaubens, ihrer Verkündigung, ihrer Gottesdienste und ihres Weltengagements stellen, so groß wie heute. Die Menschen sind da, die dem Christentum das Gesicht wiedergeben wollen, das sich vor mehr als eineinhalb Jahrtausenden mit der Übernahme feudaler Strukturen, einhergehend mit einer schleichenden Jesus-Vergessenheit, zu entstellen begann. „Das Christentum fängt erst an. Es steigt gerade aus den Kinderschuhen. Es beginnt überhaupt erst. Es hatte noch keine Chance, sich zu entwickeln", sagte vor einigen Jahren der Pariser Kardinal Jean-Marie Lustiger.[135]

Noch ein Beispiel, das uns *alle* betrifft: Im Jahr 1784 schrieb der deutsche Philosoph Immanuel Kant (1724-1804): „Aufklärung ist der Ausgang des Menschen aus seiner selbst verschuldeten Unmündigkeit", und weiter: „Habe Mut, dich deines eigenen Verstandes zu bedienen!"[136] Mehr und mehr Menschen hatten Mut. Die einen fanden im *Gebrauch des eigenen Verstandes* zu einem bewussten Leben ohne Gott, die anderen auf demselben Wege zu einem tieferen Verständnis ihrer Religion. Und alle, die ihre Vernunft in den Dienst der Menschlichkeit stellten, ob Religiöse oder Religionslose, haben durch die Früchte ihres Denkens und Handelns bewiesen − wir alle leben heute, bis hin zu den Heilungsmöglichkeiten der modernen Medizin, von diesen Früchten! −, dass es die Weisheit war, die zu ihnen gesprochen hatte. Sie war es, die damals, an der „kritischen Wende", so vielen Menschen den Mut zusprach, einer einmal erkannten

Wahrheit mehr zu vertrauen als übergeordneten Autoritäten. Aber auch diese Weisung war nicht die letzte Lektion. Inzwischen lehrt die Weisheitstaube uns längst, dass nicht alles, was wir mit Vernunft und Wissen erfunden haben und mit der Freiheit des eigenen Willens zu tun imstande sind, dem Guten dienlich und der Menschlichkeit förderlich ist. Wissen, sagt sie uns, braucht auch Gewissen!

Und was die Frage „*Gott oder nicht Gott?*" betrifft, so lernen wir heute, der jeweils anderen Überzeugung mit Achtung zu begegnen. Wir Christen und religiös Orientierten sollten für die Anfragen der atheistischen Religionskritik von Herzen dankbar sein! Denn sie haben uns geholfen, unsere Auffassungen von Gott und vom Menschen, von Glauben und Frömmigkeit noch einmal neu zu bedenken und von den verhängnisvollen Projektionen, Irrtümern und Einseitigkeiten zu reinigen, die sich im Laufe der Jahrhunderte eingeschlichen hatten. Nichts ist meinem christlichen Glauben so förderlich gewesen wie die Auseinandersetzung mit den religionskritischen Argumenten, und das Jahr in meiner Studentenzeit, das ich sehr bewusst mit dem Atheismus im Herzen verbrachte, möchte ich in meiner Biografie nicht missen. Mahatma Gandhi spricht mir aus der Seele, wenn er sagt, Gott sei für ihn „sogar der Atheismus der Atheisten"[137].

Auch im viel beklagten „Unglauben unserer Zeit" ist das „kleine Lied vom Leben" verborgen, davon bin ich zutiefst überzeugt; auch in Religionslosigkeit und Atheismus spricht die Heilig-Geist-Taube der Bibel zu uns Christen – wie sie ebenso im Glauben der Religionen zu den Religionslosen spricht. Dass der heutige Atheismus weithin seine intolerante Militanz verloren hat, ist der Weisheitstaube zu verdanken: Sie lehrt die Hörenden unter den Religionslosen, dass ihr ideologischer Kampf nur einem Zerrbild von Gott und vom religiösen Leben gegolten hatte; dass die Wissenschaft zu Unrecht als Legitimation hergenommen wurde, das Dasein Gottes auszuschließen; dass die Kraft, aus der heraus viele ihrer religiösen Mitmenschen leben, wohl doch mehr sein muss als Projektion, Jenseitsvertröstung, „Opium" und Aberglaube.

Es ist der Stand der Weisheit heute, dass wir, die Religiösen und die Religionslosen, den Standpunkt des Andersdenkenden als Gesichtspunkt gelten lassen müssen, der dem eigenen Standpunkt die Offenheit für die immer noch größere, nie genug erkannte Wahrheit ermöglicht. Wir, die Religiösen und die Religionslosen, brauchen einander, um am Fenster des Herzens und des „eigenen Verstandes" die Weisheitstaube zu empfangen, die uns zu *Menschen* macht. Dann wird sie auch unsere Friedenstaube sein.

All das sind Beispiele nur. In den persönlichen Lebensgeschichten werden sich weitere finden lassen, aus denen wir den Mut und die Entschlossenheit schöpfen können, die Weisheit zu unserer Lehrmeisterin und Lebensgefährtin zu machen. Die Taube, „allen Menschen wohlbekannt", ist zurückgekehrt, auch in unser Land. An deutlichen Zeichen dafür fehlt es nicht, trotz aller Torheit in Gesellschaft, Politik und Religion – und im je eigenen Leben.

Respektiere die Weisheit der Menschen,
die an Ratsversammlungen teilnehmen.
Hast du selbst vor der Versammlung eine
Idee geäußert, dann gehört sie von diesem
Augenblick an nicht mehr dir.

Weisheit der nordamerikanischen Indianer

9. Freund und Esel

„ES GIBT NICHTS GUTES, AUSSER: MAN TUT ES!"

Auch mir gelten die Worte des libanesischen Schrift-
stellers Khalil Gibran (1883-1931), des großen Meis-
ters einer religions- und weltanschauungs-umgrei-
fenden Spiritualität:

Erlerne die Worte der Weisheit,
die Weise dir schenken,
und wende sie auf dein Leben an.
Lebe sie –
aber fange nicht an, mit ihnen aufzutreten
und sie vorzutragen.
Wer nämlich wiederholt, was er nicht versteht und tut,
ist wie ein Esel, der eine Ladung Bücher trägt.[138]

In der Tat: Es bringt uns nur wenig Nutzen, über „Frau Weisheit" zu räsonieren; es kommt vielmehr darauf an, sie zu entdecken und *zur Lebensgefährtin* zu machen. Sophia sucht Freundinnen und Freunde, nicht Esel, die Sophiologien zu Markte tragen. Weisheitliche Spiritualität will gelebt werden.

Und sie *ist* lebbar. Psychologen am Berliner MAX-PLANCK-INSTITUT FÜR BILDUNGSFORSCHUNG sagen sogar, sie lasse sich „trainieren".[139] Die Forschergruppe um Professor Paul Baltes (geb. 1939) befragte in mehreren Testreihen Personen unterschiedlichen Alters, worin sich ihrer Meinung nach im Lebensalltag Weisheit zeige. Dabei vermieden es die Experten der experimentellen Psychologie, eine bestimmte Begriffsdefinition vorzugeben, und stellten fest, dass „jeder Mensch ... ‚implizite' Theorien darüber (hat), was er unter einem weisen Vorgehen oder einem weisen Menschen versteht".[140] Es habe sich – auch schon in früheren Untersuchungen – erwiesen, sagen sie, „dass die meisten Befragten offensichtlich relativ konkrete Vorstellungen davon hatten, wie sich Weisheit im Denken und Verhalten manifestiert"[141]. Vor allem folgende Verhaltensweisen seien von den Befragten als „weise" bezeichnet worden:

– *sich hineinversetzen in die Situation des anderen, Akzeptieren der Werte und Ziele der anderen Person und Berücksichtigung ihrer individuellen Situation,*

– *zu den eigenen Zielen und Werten stehen, auf die eigene Intuition vertrauen und Verantwortung übernehmen, auch wenn dies ein Risiko beinhaltet,*

- *nicht ‚aus dem Bauch heraus' handeln, sondern das eigene Wissen nutzen und alle Aspekte gut überlegen, ... Kompromisse eingehen können und auch bereit sein, Rat von anderen anzunehmen,*

- *Flexibilität, eine gewisse Gelassenheit und die Nutzung der eigenen Lebenserfahrung,*

- *die Bereitschaft, das ‚größere Ganze' im Auge zu behalten.*[142]

Diese Verhaltensweisen sind erlernbar. Prinzipiell, so die Autoren der Studie, „lässt sich ... nicht nur das formale, sondern auch das ‚weise' Denken trainieren"[143] – nicht nur unter methodischer Anleitung im psychologischen Versuchslabor. Wer sich mitten im Alltag immer wieder einmal sehr bewusst auf „eine Lektion in Weisheit"[144] einlasse, bei dem komme „gelebte Weisheit" auch „in wichtigen und schwierigen Lebenssituationen zum Tragen und bewirk(e) deren positive Lösung".[145]

Erkenntnisse dieser Art sind freilich nicht neu in der Geschichte der Menschheit. Eine sehr konkrete „Übungsanleitung" bietet zum Beispiel bereits DER HEILIGE BAUM, eine Zusammenstellung uralten Erfahrungswissens der indianischen Völker Nordamerikas aus der Mitte des 19. Jahrhunderts:

Respektiere die Weisheit der Menschen, die an Ratsversammlungen teilnehmen. Hast du selbst vor der

Versammlung eine Idee geäußert, dann gehört sie von diesem Augenblick an nicht mehr dir, sondern dem ganzen Volk. Der Respekt verlangt es, den Reden anderer aufmerksam zuzuhören und nicht darauf zu beharren, daß dein Gedanke sich durchsetzen muß. Vielmehr solltest du die Ideen anderer vorbehaltlos unterstützen, wenn sie echt und gut sind, auch wenn sie sich von den Gedanken, die du selbst beigesteuert hast, beträchtlich unterscheiden. Aus dem Zusammenprall der Ideen entspringt der Funke der Wahrheit.

Lausche auf die Inspirationen, die dein Herz empfängt, und richte dich danach. Stelle dich darauf ein, daß du auf vielerlei Art eine führende Hand spüren wirst: im Gebet, in Träumen, in Zeiten einsamer Stille und durch die Worte und Taten weiser Ältester und Freunde.[146]

Solche und ähnliche „Trainingsmöglichkeiten" gibt es viele. *Alle* Kulturen haben sie anzubieten:

In der *christlichen Tradition* spricht man von „geistlichen Übungen", die das weisheitliche Hören schärfen können. Dazu zählt etwa die persönliche Meditation eines Bibeltextes, aber auch das regelmäßige Gespräch mit anderen über wichtige Lebensfragen. Im Tageslauf der Klostergemeinschaft, der ich angehöre, ist täglich zweimal eine Stunde, am Morgen und am Abend, für die stille „Betrachtung" vorgesehen – auch für mich eine kostbare Zeit, in der es mir möglich ist, in Ruhe über die „weisenden Wahrheiten" nachzudenken, die mir gerade begegnet sind: in Gesprächen, in Büchern, in der Bibel, in einer Fernsehsendung ... Andere finden schlicht und einfach bei einer still „zelebrierten" Tasse Kaffee oder beim Atemholen in der Natur den nötigen Freiraum, um der Weisheit die Tür zu öffnen. Manche Christen unterbrechen hin und wieder ihren gewohnten Arbeitsalltag, um an sogenannten Exerzitien (= Einübungen) teilzunehmen; das sind Tage im Schweigen, in denen jeder Einzelne, angeleitet durch Vorträge oder Gesprächsimpulse, wieder einmal Ordnung in seine Gedanken zu bringen und der „Wahrheit seines Lebens" auf die Spur zu kommen versucht. Mehr·als zweitausend Frauen und Männer im Jahr, die meisten im mittleren Lebensalter, kommen zu solchen Tagen in das Gästehaus unseres Klosters am Rande der lauten und geschäftig pulsierenden Weltstadt Berlin.

Auf die *jüdische Tradition* geht zum Beispiel der Sonntag zurück. Er hat, was heute kaum mehr im Bewusstsein ist, ebenfalls eine weisheitliche Funktion. Schon vor mindestens zweieinhalb Jahrtausenden wurde der Sabbat als siebenter Tag der Woche – im Christentum dann der Sonntag – für die Besinnung auf Wichtiges und Wesentliches reserviert, für die Pflege der Freundschaften und familiären Beziehungen und nicht zuletzt für das Hören auf die „Weisheit von oben".

Auch Yoga, ganzheitliche Körperübungen und die verschiedenen Formen der Meditation – sie entstammen zumeist *asiatischen Traditionen* – helfen heute vielen Menschen, bewusst und wach durchs Leben zu gehen und die Weisheit nicht zu überhören, die Tag für Tag ihre Gaben bereithält.

Und wir Ostdeutschen hätten der Menschheit aus *unserer Kulturtradition* sogar eine besondere, heute so notwendige Übung anzubieten: den „Schnitz". Das war in den Jahren der DDR eine ganz spezielle Maßeinheit. Sie bezeichnete den kurzen Moment, den man benötigte, um sich aus dem Sessel zu erheben, zum Fernsehgerät zu gehen und auf AUS zu drücken, wenn nach dem beliebten Montagsfilm Karl Eduard von Schnitzlers Sendung „Der schwarze Kanal" begann. Wie würde sich das Leben verändern – und die Welt um uns herum dazu –, würden wir weniger Halb- und Unwahrheiten konsumieren und uns stattdessen Zeit nehmen für ein gutes Buch, für ein Gespräch oder einfach ein paar stille Minuten zum „Fühlen und Denken".

Ob solche weisheitlichen Verhaltensformen allerdings „wirklich verinnerlicht" oder „schon bald wieder zugunsten der alten Denkmuster aufgegeben" werden, das, so meinen die Berliner Psychologen, „harrt noch der Erforschung".[147] Wir werden wohl immer der Weisheit Freund *und* Esel sein. Der Geist der Enge und des Prinzipiendenkens, der sich in religiösen und weltanschaulichen Fragen gern als Rechtgläubigkeit und Aufgeklärtsein darstellt, und der Geist der Weisheitlichkeit und der Toleranz, der die Wahrheit in der Liebe und die Liebe in der Wahrheit sucht, werden gleichermaßen Zukunft haben. Die Frage ist: Von welchem Geist werde ich mich *leiten* lassen?

Der Weisheitsschatz der Menschheit, aus dem wir dabei schöpfen können, ist groß … Und groß ist am Beginn des dritten Jahrtausends, trotz hohem Bildungsstand und enormem Wissen, das Weisheitsdefizit. Schon vor einem halben Jahrhundert beklagten so bedeutende Philosophen wie Gabriel Marcel in Frankreich (1889-1973) und Max Horkheimer in Deutschland (1895-1973) den „Untergang der Weisheit" in der Lebens- und Geisteswelt unserer Zeit.[148] Heute ist es vor allem Eugen Biser (geb. 1918), einer der Autoren der CHARTA DER TOLERANZ (s. S. 85ff), der besorgt die Stimme erhebt. Der Theologe und Religionsphilosoph war lange Jahre, als Nachfolger von Karl Rahner, Inhaber des Guardini-Lehrstuhls für Weltanschauungsfragen an der Universität München und leitet seit 1991 den Bereich „Weltreligionen" in der EUROPÄISCHEN AKADEMIE DER WISSENSCHAFTEN UND KÜNSTE. Ihm ist dieses Buch gewidmet.

In seinen Schriften und Vorträgen spricht Professor Biser aus, was viele Menschen in unserem Land, gleich welcher Religion oder Weltsicht, empfinden: Wir haben uns zu sehr im Systemdenken verfangen, in politischer wie in religiöser und weltanschaulicher Hinsicht, und wir sind derart ausgeliefert an die Diktate der Leistungs- und Konsumgesellschaft, dass „das Prinzip der Besinnung, der Zusammenschau und Orientierung unterzugehen droht".[149] Dem heutigen Menschen werden, so Eugen Biser, „durch den Einfluss der audiovisuellen Medien nicht nur die für sein inneres Gleichgewicht unerlässlichen Primärerfahrungen entzogen und durch surrogathafte Erfahrungsdaten ersetzt"; die Hektik seiner Berufs- und Alltagswelt bringe ihn obendrein auch noch um „jenen Rest von Besinnlichkeit, der für den wirklichen Erfahrungsgewinn unerlässlich ist".[150] Und dennoch stimmt Eugen Biser in den Chor der Kulturpessimisten nicht mit ein. Er baut auf die *Wiedergeburt der Weisheit in unserer Zeit*.[151] Sie bietet sich der Menschheit, so schreibt er, gerade in dieser Stunde der Geschichte als „Therapeutin"[152] an: Nach einem politisch und weltanschaulich extrem widersprüchlichen Jahrhundert will sie uns aus der Enge und der gegenseitigen Abgrenzung in die heilende Weite der gemeinsamen Wahrheitssuche führen.

Der *Weg der Weisheit* allein kann unserer Welt – das ist auch meine Überzeugung und, mehr noch, meine Zuversicht – den Weg in eine menschenwürdige Zukunft weisen. Es wird die Zukunft der Religiösen und der Religionslosen sein.

Ausdrücklich möchte ich in diesem Zusammenhang noch ein Thema ansprechen, das mir, wenn es um unsere gemeinsame Zukunft geht, besonders am Herzen liegt:

In den Gesprächen mit religionslosen Nachbarn, Freunden und Arbeitskollegen hören wir Christen immer wieder, unsere menschlichen Ideale und unsere ethischen Grundsätze seien lobenswert und von großer Bedeutung für die heutige orientierungsbedürftige Zeit – unsere religiösen Ansichten aber hätten so viel Magisches, Irrationales und Infantiles, ja Knechtisches an sich, wovon der moderne Mensch sich doch befreien müsse. Alfred Grosser, der „spirituelle Atheist" aus Paris (s. S. 71), brachte diese Auffassung in einem sehr ehrlichen Bekenntnis folgendermaßen zu Wort:

Ich arbeite ständig auf den gleichen ethischen Prinzipien wie meine christlichen, vor allen Dingen ka-

tholischen Freunde. Sie wissen von meinem Unglau-
ben. Ich glaube, freier zu sein als sie, denen noch
ein letzter Schritt zu tun bleibt, bis sie sich auch von
ihrem Glauben, der meiner Ansicht nach etwas
magisch ist, befreien; aber wir arbeiten zusammen
ohne Probleme.[153]

Alfred Grosser hat durchaus Recht. Sein Blick ist auf
eine Glaubenshaltung gerichtet, die unter uns Christen in der Tat sehr verbreitet war und zum Teil noch
immer verbreitet ist. Doch dabei handelt es sich um
eine Fehlform des Glaubens. Das ist auch vielen von
uns inzwischen klar geworden, nicht zuletzt dank
der atheistischen Religionskritik. Nicht alles, was in
der Frömmigkeit des real existierenden Christentums als „Glaube" gelebt wird, entspricht dem Got-
tes- und Menschenbild Jesu. Religiöse Auffassungen, die das Opfer der Vernunft verlangen, und
Lebensformen, die den Menschen unfrei machen,
können nicht christlich genannt werden. Der „Lü-
ckenbüßer"-Gott, der dort herhalten muss, wo uns
(noch) die Erklärungen fehlen, oder der jenseitige
„Nothelfer", der für die Erfüllung menschlicher
Wünsche und Pläne angerufen wird, ist auch mein
Gott nicht, ebenso wenig wie er das himmlische
„Opium" ist, das nach Karl Marx und Wladimir I.
Lenin über Leid und Unheil auf Erden hinwegtröstet.
Auch ich kann jedem Gläubigen nur von Herzen
wünschen, dass er sich von solcher „Magie" befreie.
   Vor allem die Rede von einem rächenden und
strafenden Gott widerspricht zutiefst dem Kern
des christlichen Glaubens. Diesem Gottesbild, das
sich so verheerend auf das Menschenbild aus-

wirkt, ja auf die menschliche Seele selbst, hat Jesus von Nazaret den Gott der Liebe und der Wahrheit entgegengestellt. Sein Gott regiert weder mit Drohung und Strafe noch mit einer belanglosen Softie-Liebe. Er fordert heraus mit weisender Wahrheit; er fördert das Leben – mit einer Liebe, die keine Vorbedingungen stellt und doch *alles* abverlangt.[154] Nur diese absolut angstfreie und zugleich aufs Höchste herausfordernde Gottessicht, davon bin ich überzeugt, kann den religiösen Menschen zum Menschen machen und dem religionslosen als akzeptable Alternative erscheinen. Die Schriften eines Johannes vom Kreuz und einer Teresa von Ávila zum Beispiel, die beide schon zu ihrer Zeit, im 16. Jahrhundert, den Gott der Liebe in seiner Eindeutigkeit und den Gott der Weisheit in seiner Klarheit wiederentdeckten, haben ihre Leser und Leserinnen in allen Weltreligionen gefunden, und selbst Roger Garaudy (geb. 1913) fand während seiner atheistischen Lebensphase[155] in ihrem Standpunkt einen wichtigen Gesichtspunkt für sein marxistisch-kommunistisches Reformdenken:

Die wunderbare Konzeption der christlichen Liebe, nach der ich mich selbst nur durch den anderen und in ihm verwirklichen kann, ist für mich das höchste Bild, das der Mensch über sich selbst wie über den Sinn seines Lebens entwerfen kann. Das ist übrigens auch der Grund, warum bei den größten Mystikern, Teresa von Ávila und Johannes vom Kreuz, die heute noch uns Marxisten die höchste Aussage menschlicher Liebe bedeuten, menschliche und göttliche Liebe die gleiche Sprache sprechen.[156]

Die Zukunftsgestalt der Ökumene zwischen den Religionen und Weltanschauungen wird wesentlich von der Frage abhängen, ob wir Christen bereit sind, nun endlich, nach zwei Jahrtausenden, in dieser alles entscheidenden Gottessicht ohne Wenn und Aber mit Jesus gleichzuziehen.[157] Nur in dem Maße, wie die ursprüngliche, an Jesus von Nazaret orientierte Glaubensweise unser Denken und Handeln bestimmt, werden wir Christen ernstzunehmende Gesprächspartner all derer sein können, denen heute und in Zukunft die Menschlichkeit des Menschen am Herzen liegt.

Nichts, was je über die Weisheit gesagt und geschrieben wurde, kann den Anspruch erheben, selbst die letzte Wahrheit zu sein. Das gilt natürlich auch für alle Gedanken, die ich auf diesen Seiten vorgetragen habe. Zudem ist mir bewusst, dass vieles ungesagt geblieben ist. Die theologisch oder philosophisch Gebildeten unter den Leserinnen und Lesern werden ohnehin so manchen Gesichtspunkt zu den hier angesprochenen Fragen vermissen oder als zu wenig entfaltet empfinden. Gerade was die weltanschaulichen Grundfragen, die unterschiedlichen Daseinsdeutungen und die sich daraus ergebenden Lebenseinstellungen betrifft, wäre noch vieles zu bedenken, das hier nicht einmal angesprochen wurde. Vor allem das Kernthema – die Spiritualität der Weisheit, die *weisheitliche Lebensart* – könnte noch in so mancher Hinsicht entfaltet und vertieft werden. Aber eine umfassende Abhandlung zu schreiben, war nicht meine Absicht. Wenn ich einigen Lesern und Leserinnen den Anstoß geben konnte, auf die Weisheit aufmerksam zu werden, die tagtäglich auch zu ihnen spricht, wäre das Ziel des Buches erreicht.

Mein Anliegen war es, auf die Lebensform *hinzuweisen*, die in Zukunft für das Zusammenleben auf dem einen Planeten so entscheidend sein wird und uns allen, Religiösen wie Religionslosen, gleichermaßen möglich ist. „Trainieren" muss das Hören auf das „kleine Lied" der Weisheit ein jeder in seinem eigenen Herzen. „Es gibt nichts Gutes, außer: man tut es!", heißt es, inzwischen schon sprichwörtlich geworden, bei Erich Kästner (1899 – 1947).[158] Das Weitere lehrt die Weisheit selbst.

Der Autor bietet im Kloster Birkenwerder b. Berlin **Kurse zur „Einübung in die Spiritualität der Weisheit"** an, offen für Religiöse und Religionslose. Das jeweilige Jahresprogramm ist erhältlich beim

Karmelitenkloster / Gästehaus
Schützenstr. 12
D-16547 Birkenwerder

Tel.: 03303 – 503419 / Fax: – 402574
www.karmel-birkenwerder.de

Anmerkungen

1   Zt. nach: Die Bibel – erschlossen und kommentiert von *H. Halb-fas*, Düsseldorf 2001, 43.

2   Ebd. 44.

3   Ebd.

4   Siehe: Genesis (= 1. Buch Mose) 1 u. 2.

5   Ebd. 1,28.

6   Ebd. 2,15.

7   *S. Probst / E. Probst*, Meine Worte sind wie Sterne. Die Rede des Häuptlings Seattle und andere indianische Weisheiten, Mainz-Kostheim 2002, 57f.

8   *M. Gorbatschow*, Mein Manifest für die Erde. Jetzt handeln für Frieden, globale Gerechtigkeit und eine ökologische Zukunft, Frankfurt/New York 2003, 104.

9   Aus der Präambel der Erd-Charta; vollständiger Text in: *M. Gorbatschow*, ebd. 117-132 (117).

10 Vgl. dazu z. B. die jüngste SHELL-JUGENDSTUDIE (von 2002): *Deutsche Shell (Hg.)*, Jugend 2002 – 14. Shell Jugendstudie. Zwischen pragmatischem Idealismus und robustem Materialismus, Frankfurt a. M. 2002. Danach bezeichnen sich nur noch 34% der jungen Menschen als politisch interessiert. Im Jahr 1991 waren es noch 57%. Und doch – das ist das erfreuliche Ergebnis der Umfrage – sind Jugendliche zwischen 12 und 25 Jahren zielorientiert und wollen die Herausforderungen der Gegenwart annehmen. Ihre Grundeinstellung bewege sich, so fassen die Autoren die Situation zusammen, „zwischen pragmatischem Idealismus und robustem Materialismus". Die „Null-Bock"-Stimmung früherer Generationen sei vorbei, Lebensbejahung und Engagement sei angesagt. Ebd., bes. 105f.

11 „Aus Hoffnung wird Wirklichkeit", Rede beim Festakt im Konzerthaus am Gendarmenmarkt Berlin, 3. Oktober 2002, im Internet unter: www.zeit.de/reden/deutsche_innenpolitlk/200241_einheit_rau.

12 Nach: *K. Eder*, Europäische Säkularisierung – ein Sonderweg in die postsäkulare Gesellschaft?, in: BERLINER JOURNAL FÜR SOZIOLOGIE, Bd. 12, Heft 3, Leverkusen 2002.

13 AaO. (s. Anm. 7) 61f.

14 Zum gegenwärtigen Stand des Dialogs zwischen den Weltreligionen sei als Lektüre empfohlen: *J. Ratzinger*, Die Vielfalt der Religionen und der Eine Bund, Bad Tölz 1998; *ders.*, Glaube – Wahrheit – Toleranz. Das Christentum und die Weltreligionen, Freiburg-Basel-Wien 2003; *S. Painadath*, Der Geist reißt Mauern nieder. Die Erneuerung des Glaubens durch interreligiösen Dialog, München 2002.

15 *K.-H. Ohlig*, Religion in der Geschichte der Menschheit. Die Entwicklung des religiösen Bewusstseins, Darmstadt 2002, 231 u. ff.

16 Nach: *J. Taylor*, Die Zukunft des Christentums, in: *J. McManners (Hg.)*, Geschichte des Christentums, Frankfurt u. New York 1993 (engl. Oxford 1990), Grafik S. 648.

17 In diesen Staaten rechnet man heute mit durchschnittlich 50 bis 60% Religionslosen in der Bevölkerung.

18 Im Westen Deutschlands zum Beispiel verloren die beiden großen Kirchen allein zwischen 1968 und 1973 auf einen Schlag je ein Drittel ihrer Gottesdienstbesucher; nach: *K. Gabriel*, Christentum zwischen Tradition und Postmoderne, Freiburg-Basel-Wien 1992, 52ff.

19 Ich beziehe mich vor allem auf: *A. K. Wucherer-Huldenfeld*, Wandlungen des Phänomens und der Bedeutung des Atheismus an der Wende zum 21. Jahrhundert, u.: *H. Bogensberger*, Atheismus heute? Ein religionssoziologisches Fragment, beide Artikel in: *K. Baier u. a. (Hg.)*, Atheismus heute? Ein Weltphänomen im Wandel, Leipzig 2001. – Siehe auch: *E. Tiefensee*, Homo areligiosus, in: LEBENDIGES ZEUGNIS 2001/3 (188-203) 189; *M. Tomka / P. M. Zulehner*, Religion in den Reformländern Ost(Mittel)Europas, Ostfildern 1999.

20 In: *H. J. Schultz (Hg.)*, Mein Judentum, Berlin-Stuttgart, 2. Aufl. 1979 (8-18) 15.

21 Laut Nachricht vom 21. 2. 2003 auf der Internet-Seite von RADIO VATIKAN.

22 Verschiedene Befragungen Anfang der 1980er Jahre zeigten, dass unter dem Einfluss der sowjetischen Religionspolitik – mehr als sechs Jahrzehnte nach der Oktoberrevolution – nur noch 5 bis 10% der Bevölkerung „an Gott" glaubten. Laut seriöser Erhebungen des SOZIOLOGISCHEN ZENTRUMS MOSKAU bezeichneten sich im Jahr 2000 wieder 82% als orthodox-kirchliche Christen. Doch nur 18% davon glauben tatsächlich an die Existenz Gottes, und nur 4% rechnen sich zu den „praktizierenden Gläubigen". So: *S. Filatow*, Religiosität und Religionsgemeinschaft in Russland zwölf Jahre nach dem Zusammenbruch des Kommunismus, in: DER BÜRGER IM STAAT, 2 u. 3/2001 (Zeitschr. für Multiplikatoren politischer Bildung, hg. v. der Landeszentrale für politische Bildung Baden-Württemberg, Stuttgart).

23 Ebd.

24 Pastorale Konstitution über die Kirche in der Welt von heute (GAUDIUM ET SPES), Nr. 19.

25 Die Botschaft des Dalai Lama, in: *M. Günther (Hg.)*, Die Weisheit Asiens, Kreuzlingen/München 1999, 113.

26 Der Vergleich geht auf den amerikanischen Religionswissenschaftler P. L. Berger zurück; so nach: *M. Tomka / P. M. Zulehner*, aaO. (s. Anm. 19) 9.

27 So *E. Tiefensee*, aaO. (s. Anm. 19) 189.

28 Nach *H. Hürten*, Deutsche Katholiken 1918-1945, Paderborn 1992, 13, standen noch bei der letzten amtlichen Volkszählung vor dem Ersten Weltkrieg, im Dezember 1910, den fast 98,5 Prozent Christen und etwa 1 Prozent Juden in der gesamten deutschen Bevölkerung nur 0,33 Prozent Religions- und Konfessionslose gegenüber.

29 Diese u. die folgenden statistischen Angaben sind, wenn nicht gesondert belegt, Mittelwerte aus den mir verfügbaren Erhebungen, die nur leicht differieren. Neben den unter Anm. 19 genannten Veröffentlichungen s. dazu: *U. Kühn*, Zur säkularen Welt Ostdeutschlands, in: *K. Baier u. a. (Hg.)*, Atheismus heute? (s. Anm. 19); *D. Pollak u. G. Pickel (Hg.)*, Religiöser und kirchlicher Wandel in Ostdeutschland 1989-1999, Opladen 1999; *M. Bergunder*, Säkularisierung und religiöser Pluralismus in Deutschland aus Sicht der Religionssoziologie, in: *D. Cyranka / H. Obst (Hg)*, „... mitten in der Stadt". Halle zwischen Säkularisierung und religiöser Vielfalt, Halle 2001, 213-252; *H. Oschwald (Bearb.)*, Glaube in Deutschland (Reihe: FOCUS-FAKTEN), Mannheim/München 1999; *M. N. Ebertz*, Was glauben die deutschen Katholiken? Eine Bestandsaufnahme, in: ZUR DEBATTE 1/2003, 6-8 (Zeitschr. der Katholischen Akademie in Bayern); *ders.*, Aufbruch in der Kirche. Anstöße für ein zukunftsfähiges Christentum, Freiburg-Basel-Wien 2003; *M. Tomka / P. M. Zulehner*, Religion im gesellschaftlichen Kontext Ost(Mittel)Europas, Ostfildern 2000; *P. M. Zulehner / I. Hager / R. Polak*, Kehrt die Religion wieder? Religion im Leben der Menschen 1970 – 2000, Bd. 1: Wahrnehmen, Ostfildern 2001.

30 In Halle/Saale zum Beispiel setzt sich die Gesamteinwohnerschaft der Stadt, laut einer Erhebung im Jahr 2000, aus 87,1 Prozent Konfessionslosen und 11,5 Prozent Angehörigen der beiden christlichen Großkirchen (8 Prozent evangelisch, 3,5 Prozent katholisch) zusammen; 1,4 Prozent gehören 25 weiteren religiösen Gemeinschaften, bis hin zu buddhistischen Gruppen, an. So: *D. Cyranka*, Vorbemerkungen zur Bestandsaufnahme der Kirchen und Religionsgemeinschaften in Halle, in: *D. Cyranka / H. Obst (Hg)*, „... mitten in der Stadt" (s. Anm. 29), 15-18.

31 Konfessionslos! Eine neue Konfession?, in: ebd. 199-212, 211.

32 Ebd. 208.

33 Vgl. *S. Filatow*, aaO. (s. Anm. 22).

34 Durch die Erde ein Riß. Ein Lebenslauf, München, 4. Aufl. 1999, 36.

35 In: *M. Scheuermann*, „Mir ist Gotteserfahrung nicht zuteil geworden". Ein Gespräch mit Reiner Kunze, in: HERDERKORRESPONDENZ 9/1987, 428.

36 AaO. (s. Anm. 19) 198. – Siehe dazu vom selben Autor auch: „Religiös unmusikalisch"? Ostdeutsche Mentalität zwischen Agnostizismus und flottierender Religiosität, in: *J. Wanke (Hg.)*, Wieder-

vereinigte Seelsorge. Die Herausforderung der katholischen Kirche in Deutschland, Leipzig 2000, 24-53, u.: So areligiös wie Bayern katholisch ist. Zur konfessionellen Lage im Osten Deutschlands, in: *K. Schlemmer (Hg.)*, Auf der Suche nach dem Menschen von heute. Vorüberlegungen für alternative Seelsorge und Feierformen (Andechser Reihe, Bd. 3), St. Ottilien 1999, 50-66.

37 Später veröffentlicht in: Mondschnee liegt auf den Wiesen, Berlin u. Weimar 1975, 116.

38 Im HAMBURGER ABENDBLATT vom 18. Dezember 2002.

39 Summa Theol. I, 2,3, jeweils am Schluss der fünf Wege; lat. – dt. in: *Thomas von Aquin*, Die Gottesbeweise in der ‚Summe gegen die Heiden‘ und der ‚Summe der Theologie‘ (Reihe: Philosophische Bibliothek, Bd. 330), eingel. u. kommentiert v. *H. Seidl*, Hamburg, 3. Aufl 1996.

40 Zum gegenwärtigen Stand des Dialogs zwischen Theologie und Naturwissenschaft siehe den sehr informativen Artikel: *A. Benk*, Unterwegs zum Dialog von Theologie und Physik. Eine Zwischenbilanz nach dem ersten Jahrhundert der modernen Physik, in: THEOLOGIE DER GEGENWART 4/2001, 282-296. – Als weiterführende, allgemeinverständliche Lektüre zur gegenwärtigen Diskussion um das Verhältnis von Glaube und Naturwissenschaft möchte ich empfehlen: *J. Schaber (Hg.)*, Torheit des Glaubens – Frömmigkeit des Wissens. Stehen Glaube und Wissenschaft heute im Widerspruch?, Leutesdorf 2001; *A. Benz*, Die Zukunft des Universums. Zufall, Chaos, Gott?, Düsseldorf 1997.

41 Gott und die moderne Physik, München 1986, 15 (vgl. 294).

42 Ebd. 72.

43 *J. Guitton / G. u. I. Bogdanov*, Gott und die Wissenschaft. Auf dem Weg zum Metarealismus, München 1992, 73.

44 Siehe z. B.: *R. Breuer*, Das anthropische Prinzip. Der Mensch im Fadenkreuz der Naturgesetze, Frankfurt a. M. 1984.

45 Aus: *K. Müller*, Gottes Dasein denken. Eine philosophische Gotteslehre für heute, Regensburg 2001, 125.

46 Das Wunder des Theismus. Argumente für und gegen die Existenz Gottes, Stuttgart 1985.

47 Einführung in das Christentum. Vorlesungen über das Apostolische Glaubensbekenntnis, München 1968, 22-24; Neuausgabe: München 2000, 39f.

48 Zur Geschichte Alexandrias siehe: *G. Grimm*, Alexandria. Die erste Königsstadt der hellenistischen Welt. Bilder aus der Nilmetropole von Alexander d. Gr. bis Kleopatra VII., Mainz 1998; *M. Pfrommer*, Alexandria. Im Schatten der Pyramiden, Mainz 1999.

49 Siehe dazu: *S. Schroer*, Die Weisheit hat ihr Haus gebaut. Studien zur Gestalt der Sophia in den biblischen Schriften, Mainz 1996, bes. 110-125.

50 Buch der Weisheit 1,1; 6,1.

51 Als gut lesbare, allgemeinverständliche Kommentare zum Buch

der Weisheit seien empfohlen: *H. Engel*, Das Buch der Weisheit (Reihe: Neuer Stuttgarter Kommentar / Altes Testament, Bd. 16), Stuttgart 1998; *D. Hecking u. a.*, Sehnsucht nach Gerechtigkeit. Denken und Handeln nach dem Buch der Weisheit (Reihe: WerkstattBibel, Bd. 3), Stuttgart 2002. – Siehe auch das Themenheft „Das Buch der Weisheit" der Zeitschrift BIBEL UND KIRCHE, 4/1997, Kath. Bibelwerk Stuttgart.

52 Zu W. Solowjew und seinem Schülerkreis s. einführend: *U. Schmid*, Russische Religionsphilosophen des 20. Jahrhunderts, Freiburg-Basel-Wien 2003.

53 *M. Frensch*, Weisheit in Person. Das Dilemma der Philosophie und die Perspektive der Sophiologie, Schaffhausen 2000.

54 Siehe dazu: ebd. u.: *H. P. Sturm*, Urteilsenthaltung – oder Weisheitsliebe zwischen Welterklärung und Lebenskunst, Freiburg/München 2002.

55 Erscheint Ende 2003 im Verlag Kiepenheuer & Witsch.

56 Buch der Weisheit, des Öfteren ab Kap. 2.

57 Ebd. 7,8-10.

58 Ebd. 1,5.

59 Ebd. 7,11f.

60 Ebd. 8,9.

61 So vor allem im Buch der Sprüche (auch Buch der Sprichwörter genannt), Kap. 1-9, und in Jesus Sirach, Kap. 24.

62 Buch der Sprüche 8,4.

63 Ebd. 7,4.

64 Ebd. 9,13.

65 Ebd.

66 Buch der Weisheit 6,1.

67 Ebd. 7,13f.

68 Ebd. 6,12-16.

69 Ebd. 8,1.

70 Buch der Sprüche 14,1.

71 Einführung in die Weisheit, Freiburg-Basel-Wien 2002, 22.

72 Der Begriff stammt von Walter Burkert: *ders.*, The Problem of Ritual Killing, in: *G. Hamerlon-Kelly (Hg.)*, Violent Origins, Stanford 1987 (156-188) 163 u. 171.

73 Siehe z. B.: *M. Eliade*, Geschichte der religiösen Ideen, Bd. 2, Freiburg-Basel-Wien 2002, 222-227.

74 Töten und Lieben. Gewalt und Gewaltlosigkeit in Religion und Christentum, München 1994, 57.

75 Siehe dazu: *E. Tiefensee*, „Religiös unmusikalisch" – zu einer Metapher von Max Weber, in: *B. Pittner / A. Wollbold (Hg.)*, Zeiten des Übergangs (FS F. G. Friemel), Leipzig 2000, 119-136.

76 Johannesevangelium 16,13.

77 Markusevangelium 12,29; vgl. Deuteronomium 6,4.

78 Einführung in das Christentum (s. Anm. 47), 133 / Neuausgabe: 160.

79 Jakobusbrief 3,17.

80 Briefe aus dem Gefängnis, Berlin 1972, 66f.; Neuausgabe: 16., erw. Aufl. Berlin 2000, 98f.

81 Ebd. 67 / 99.

82 Ebd. 28 / 37.

83 Rowohlts Klassiker der Literatur und der Wissenschaft, Deutsche Literatur Bd. 11, Reinbek, 20. Aufl. 2002: Novalis, 210 (in L. Tiecks Bericht über die Fortsetzung des Romans „Heinrich von Ofterdingen").

84 In: *H. Küng / K.-J. Kuschel (Hg.)*, Erklärung zum Weltethos. Die Deklaration des Parlamentes der Weltreligionen, München/ Zürich 1993 (13-45), 21.

85 Ebd. 25.

86 Straßburger Vorlesungen (Werke aus dem Nachlaß, Bd. 2), München 1998, 693. – Siehe dazu auch: *R. Brüllmann*, Weltethos und Globalisierung. Albert Schweitzer – Wegbereiter der Idee einer weltweiten Ethik, in: *W. Zager (Hg.)*, Ethik in den Weltreligionen: Judentum – Christentum – Islam, Neukirchen-Vluyn 2002, 1-20.

87 Straßburger Predigten, hg. v. *U. Neuenschwander* (Beck'sche Reihe, Bd. 307), München, 3. Aufl. 1993, 134.

88 Diese Passage wurde zur DDR-Zeit in den Textausgaben ausgelassen, sie findet sich nur in der späteren Neuauflage, aaO. (s. Anm. 80) 71f.

89 Ebd. 55f. / 72.

90 Dialog der Kulturen – Kultur des Dialogs. Toleranz statt Beliebigkeit, Herder 2002.

91 In: *H. J. Schultz (Hg.)*, Mein Judentum, Berlin-Stuttgart, 2. Aufl. 1979 (48-57) 55; Hervorhebung ebd.

92 Eichendorffs Werke in einem Band, ausgew. u. eingel. v. *M. Häkkel* (Bibliothek Deutscher Klassiker), Berlin u. Weimar 1967, 123.

93 Buch der Weisheit 6,9.

94 AaO. 24 / 29.

95 Johannesevangelium 18,33-38.

96 Pali-Kanon Udâna 6,4; dt. in: Verse zum Aufatmen. Die Sammlung UDÂNA und andere Strophen des Buddha und seiner erlösten Nachfolger, übers. v. *F. Schäfer*, Stammbach 2002.

97 *M. Günther (Hg.)*, Die Weisheit Asiens, Kreuzlingen/München 1999, 248f.

98 Das bekannte Zitat ist eine verkürzte Wiedergabe der von Platon überlieferten „Verteidigungsrede des Sokrates". Dort wörtlich: „... Offenbar bin ich im Vergleich zu diesem Mann (der etwas zu wissen meint, obwohl er nichts weiß, R. K.) um eine Kleinigkeit weiser, eben darum, daß ich, was ich nicht weiß, auch nicht zu wissen glaube." – *Platon*, Apologie des Sokrates, Griechisch/ Deutsch, übers. u. hg. v. *M. Fuhrmann*, Stuttgart 2001, 19 (Nr. 6).

99 Vgl. die entsprechenden Stichworte in: DUDEN, Bd. 7: Etymologie der deutschen Sprache, 2. Aufl. 1989.

100 Das indogermanische „ueid" wurde im Altgermanischen zu „wizen" = „weisen". Die Wortbildung „wizzen" war dazu die Vergangenheitsform; erst später, im Mittelhochdeutschen, also zwischen dem 12. und 14. Jahrhundert, ist dann „wizzen" zum heutigen „(etwas) wissen" geworden.

101 Aus „uer" entstanden in den indogermanischen Sprachen Worte wie „verus" im Lateinischen (= wahr, echt, richtig), „wara" im Althochdeutschen (= Treue) oder „wera" im Russischen und Slawischen (= Glaube).

102 Johannesevangelium 14,6.

103 Gesammelte Werke in zehn Bänden, Berlin 1954-1958, Bd. V, 100 (Duplik, von 1778).

104 Tao-Teh-King. Wegweisung zur Wirklichkeit, hg. u. erl. v. *K. O. Schmidt*, Hammelburg, 5. Aufl. 1996, 13.

105 *F. Lauxmann*, Die Philosophie der Weisheit. Die andere Art zu denken, München 2002, 126.

106 Aus: *M. Günther (Hg.)*, Die Weisheit Asiens (s. Anm. 97), 69f.

107 Mein Manifest für die Erde (s. Anm. 8), 20.

108 Thesen ad Feuerbach (These 11), in: Marx-Engels-Werke (MEW), Bd. 3, Berlin 1958 (533-535) 535.

109 Johannesevangelium 18,37.

110 Aus der Präambel; das Dokument ist erhältlich in der Geschäftsstelle der Europäischen Akademie, Kärntner Ring 14/4, A-1010 Wien.

111 Motu Proprio Johannes Pauls II. vom 25. März 1993, Art. 1; s. dazu: *A. K. Wucherer-Huldenfeld*, Wandlungen des Phänomens und der Bedeutung des Atheismus an der Wende zum 21. Jahrhundert, in: *K. Baier u. a. (Hg.)*, Atheismus heute? (s. Anm. 19), 37-52, 48f.

112 Pastorale Konstitution über die Kirche in der Welt von heute (GAUDIUM ET SPES), Nr. 21.

113 Mitschrift seines Vortrags auf der Konferenz der Sparte „Weltreligionen" der EUROPÄISCHEN AKADEMIE DER WISSENSCHAFTEN UND KÜNSTE am 12. April 2003 in Wien.

114 AaO. (s. Anm. 110), Präambel.

115 Ebd., Leitsätze 3 u. 4.

116 Ebd., Präambel.

117 Johannesevangelium 1,14.

118 So mehrmals in der „Bergpredigt", s. Matthäusevangelium, Kap. 5-7.

119 Zt. n. *L. Wachinger*, Der Glaubensbegriff Martin Bubers, in: *H. Fries (Hg.)*, Beiträge zur ökumenischen Theologie, Bd. 4, München 1970, 60.

120 Jesus für Atheisten. Mit einem Geleitwort von *H. Gollwitzer*, Stuttgart, 4. Aufl. 1975, 1.

121 Der Antichrist, § 39, Kröners Taschenausgabe Bd. 77, Leipzig o. J., 237.

122 Zt. n. *E. Biser*, Nietzsche – Zerstörer oder Erneuerer des Christentums?, Darmstadt 2002, 86 (mit Verweis auf: Götzen-Dämmerung, § 47).

123 Näher dargestellt in meiner Dissertationsschrift: *R. Körner*, Mystik – Quell der Vernunft. Die Rolle der ratio auf dem Weg der Vereinigung mit Gott bei Johannes vom Kreuz (Reihe: Erfurter Theologische Studien, Bd. 60), Leipzig 1990, 67-83.

124 Philosophie der Offenbarung (1831/32), hg. v. W. E. Ehrhardt, Hamburg 1992, Bd. 1, 152f; Hervorhebung ebd.

125 Genesis 8,11f.

126 Siehe dazu: *S. Schroer*, aaO. (s. Anm. 49) 144-168.

127 Zt. n. *S. Schroer*, ebd. 153.

128 Markusevangelium 1, 10; Matthäusevangelium 3,16.

129 Buch der Weisheit 7,7.

130 Johannesevangelium 16,13.

131 Glaube – Wahrheit – Toleranz. Das Christentum und die Weltreligionen, Freiburg-Basel-Wien 2003, 186.

132 Literaturempfehlung: *E. Biser*, Wege zum Frieden, Augsburg 2003; *J. Todenhöfer*, Wer weint schon um Abdul und Tanaya? Die Irrtümer des Kreuzzugs gegen den Terror, Freiburg 2003.

133 Johannesevangelium 14,26.

134 Ebd. 16,13

135 Zt. n. *G. Lohfink*, Braucht Gott die Kirche?, Freiburg, 5. Aufl. 2002, 379.

136 Werke in 10 Bänden, hg. v. *W. Weischedel*, Darmstadt 1975, Bd. 9, 53.

137 Zt. n. *S. Grabner*, Vertraute Freunde, Potsdam 2002, 78.

138 Das Lied in meinem Herzen, Stuttgart-Zürich 2003, 44.

139 *Th. Saum-Aldehoff*, Eine Lektion Weisheit, in: PSYCHOLOGIE HEUTE 4/2003 (40-41) 40; siehe auch: *T. Kotlorz*, Der lange Weg zur Weisheit, in: DIE WELT vom 29. 5. 2003.

140 *J. Glück / S. Bluck*, Jedes Alter hat seine Weisheit, in: PSYCHOLOGIE HEUTE 4/2003 (36-39) 36.

141 Ebd.

142 Ebd. 37-39.

143 *Th. Saum-Aldehoff*, aaO. 41.

144 Ebd. 40.

145 *J. Glück / S. Bluck*, aaO. 39.

146 *J. Bopp u. a. (Hg.)*, Der Heilige Baum. Ein indianisches Weisheitsbuch, Düsseldorf 2002, 93 u. 95.

147 *Th. Saum-Aldehoff*, aaO. 41.

148 *G. Marcel*, Der Untergang der Weisheit. Die Verfinsterung des Verstandes (Le Declin de la Sagesse; 1954), Heidelberg 1960; *M. Horkheimer*, Vernunft und Selbsterhaltung, Frankfurt/M. 1970 u. a. Schriften desselben Autors.

149 „Christus und Sophie". Die Neuentdeckung Jesu im Zeichen der Weisheit, Kath. Akademie Augsburg (Akademie-Publikationen Nr. 81) 1987, 17.

15   Ebd. 19f.

151 Ebd. 17.

152 Die Entdeckung des Christentums. Der alte Glaube und das neue Jahrtausend, Freiburg-Basel-Wien 2000, 167.

153 In: *H. J. Schultz (Hg.)*, Mein Judentum, Berlin-Stuttgart, 2. Aufl. 1979 (48-57) 55.

154 Für meinen christlichen Leserkreis habe ich darüber geschrieben in: *R. Körner*, Das Vaterunser. Spiritualität aus dem Gebet Jesu, Leipzig 2002 (vor allem Kap. 4-7).

155 Der heute 90-jährige Philosoph, Kulturwissenschaftler und Publizist gehörte bis 1970 der Kommunistischen Partei Frankreichs an, wurde dann Christ und später Muslim.

156 Wertung der Religion im Marxismus, in: *E. Kellner (Hg.)*, Gespräche der Paulusgesellschaft. Christentum und Marxismus – heute, Wien 1966, 77-98, 81f.

157 Siehe dazu *E. Biser*, vor allem in: Die Entdeckung des Christentums (s. Anm. 152) u.: Gott im Horizont des Menschen, Limburg 2001. – Siehe auch: *G. Baudler*, El – Jahwe – Abba. Wie die Bibel Gott versteht, Düsseldorf 1996; *ders.*, Die Befreiung von einem Gott der Gewalt. Erlösung in der Religionsgeschichte von Judentum, Christentum und Islam, Düsseldorf 1999.

158 Doktor Erich Kästners Lyrische Hausapotheke, München, 18. Aufl. 2002, 30 (mit dem Titel „Moral“).